COMMENT ÉCRIRE UN POÈME D'AMOUR

DU MÊME AUTEUR

Où vais-je ? *(poésie). Éd. Lycée Estienne, Paris, 1966.*

Plateau de Prabhjot Kaur *(poésie) (traduction). Éd. Caractères, Paris, 1968.*

Le rouge est mis *(poésie). Éd. Quatrefeuilles, Alfortville, 1971.*

Symphonies *(poésie). Lucien Louvegnies éditeur, Alfortville, 1971.*

Contes à rebours *(poésie). Éd. P. J. Oswald, Honfleur, 1972.*

Photopoèmes *(poésie). Éd. LICA, Bouaké, 1982.*

Ma Kali *(poésie). Éd. LICA, Bouaké, 1983.*

Littératures nationales d'écriture française, *Afrique noire, océan Indien, Caraïbes. En collaboration avec Alain Rouch (essai). Bordas, Paris, 1986. Réédition en format de poche, 1987.*

Missions *(essai) en collaboration avec Alain Brezault. Éd. Autrement, Paris, 1987.*

Érotisme et littératures *(essai-anthologie). Éd. Acropole, Paris, 1987.*

Ethnicolor *(essai), collectif. Éd. Autrement, Paris, 1987.*

Sous le pseudonyme de Karul :

Quand les flamboyants fleurissent les blancs dépérissent *(roman) avec Bréal. Éd. Rochevignes, Paris, 1985.*

Quand les flamboyants fleurissent les blancs dépérissent *(BD en deux volumes). Éd. l'Harmattan, Paris, 1985. Avec Bréal pour le scénario et Salia pour les dessins.*

A paraître :

Conversations congolaises *(entretiens en collaboration avec Alain Brezault). Éd. l'Harmattan.*

Gérard Clavreuil

COMMENT *écrire* UN POÈME D'AMOUR

BALLAND

33, rue Saint-André-des-Arts - 75006 Paris

La poésie est une machine à fabriquer de l'amour
JEAN COCTEAU

La poésie est le véhicule intérieur de l'amour
PIERRE JEAN JOUVE

Nous remercions Pascale Quao-Gaudens et Alain Rouch sans qui ce livre n'aurait jamais vu le jour.

Sommaire

Introduction

Quand on aime, on devient poète et on ne peut être poète sans aimer. La poésie et l'amour sont intimement liés en chacun de nous. Lorsque nous sommes amoureux, s'élève du plus profond de nous une « petite musique intérieure » qu'il nous faut absolument exprimer, pour la communiquer à l'être aimé. Nous aimons ! La Terre et l'Univers entiers doivent le savoir, car ils participent de ce bonheur, de cette félicité dans lesquels soudain nous « nageons » : les êtres et les choses ne sont-ils pas transfigurés par notre regard amoureux ?

Sur notre époque actuelle souffle, contrairement aux propos tenus par certains, un vent nouveau de romantisme. La « libération sexuelle » est passée de mode : elle ne concerne plus vraiment les jeunes d'aujourd'hui, angoissés par le chômage et effrayés par le SIDA.

L'amour n'est-il pas la seule valeur humaine qui subsiste depuis Adam et Ève ? Quand nos lointains ancêtres se sont parlé, leurs mots n'ont-ils pas composé le premier poème d'amour ?

Nous avons beau être convaincus que notre amour est unique et, donc, que nos poèmes le sont aussi, nous désirons pourtant sortir des sentiers battus.

Ce livre se propose de vous guider d'une façon pratique sur les chemins sinueux de la création poétique. Le choix des thèmes abordés dépend de leur fréquence dans la poésie amoureuse. Il en ressort, logiquement, qu'il ne s'agit que de « clichés » dont, à dessein, nous n'avons pas cherché à sortir. « L'amour sera toujours l'amour » et ses manifestations resteront immuables quelle que soit l'époque ; en revanche, la manière de les exprimer, et notamment de les écrire, se doit de correspondre au langage en cours et surtout d'être originale pour chaque amoureux. Ainsi, les extraits sélectionnés vous montreront autant les pièges à éviter que les directions à suivre. Et, à votre grande surprise peut-être, vous découvrirez le modernisme de quelques poètes du XVIe siècle et le conformisme désuet de certains de leurs confrères ou consœurs contemporains.

A la fin de chaque thème, un choix de rimes vous est proposé, classées selon leur richesse et par ordre alphabétique. Pas plus que celle des thèmes, leur liste n'est exhaustive : les critères de sélection, subjectifs, dépendent de la sensibilité propre à l'auteur.

Enfin, tout au long des chapitres, vous trouverez des astuces ou des « recettes » vous permettant de faire vous-même votre « cuisine ».

Mais n'oubliez jamais que rien ne remplacera l'inspiration, animée par vos sentiments.

L'amour

Si c'est aimer, Madame, et de jour et de nuit
Rêver, songer, penser le moyen de vous plaire,
Oublier toute chose, et ne vouloir rien faire
Qu'adorer et servir la beauté qui me nuit ;
Si c'est aimer de suivre un bonheur qui me fuit,
De me perdre moi-même et d'être solitaire,
Souffrir beaucoup de mal, beaucoup craindre et me taire,
Pleurer, crier merci, et m'en voir éconduit ;
Si c'est aimer de vivre en vous plus qu'en moi-même,
Cacher d'un front joyeux une langueur extrême,
Sentir au fond de l'âme un combat inégal,
Chaud, froid, comme la fièvre amoureuse me traite,
Honteux, parlant à vous, de confesser mon mal ;
Si cela c'est aimer, furieux je vous aime.
Je vous aime, et sais bien que mon mal est fatal.
Le cœur le dit assez, mais la langue est muette.

Vous retrouvez sûrement la plupart de vos préoccupations amoureuses dans ce « Madrigal » de Pierre de Ronsard extrait de son premier livre des « Sonnets pour Hélène ». Et si, comme lui, votre amour vous rend « la langue muette », comme lui vous désirez exprimer votre passion dans des poèmes... Et vous vous interrogez. *Hélas ! qui nous dira ce que c'est que l'amour,* Pétrus Borel, ou *Seigneur, si je savais ce que c'est que d'aimer,* Corneille. Mais l'amour et la poésie se rejoignent sur un point : ils ne riment pas avec « raison ». En expliquer le fonctionnement logique relève de l'impossible et la cristallisation selon Stendhal suffirait à le confirmer, car elle relève plus du délire que d'une démarche cartésienne. Aussi, ne pouvez-vous que constater les effets de l'amour, qui, par définition, est fou ou n'est pas :

Aimer à perdre la raison
Aimer à ne savoir que dire
A n'avoir que toi d'horizon
Et ne connaître de saison
Que par la douleur du partir
Aimer à perdre la raison.

Louis Aragon

D'âge en âge on ne fait que changer de folie.

Cet alexandrin, du turbulent dramaturge Nivelle de La Chaussée, résume subtilement le meilleur moyen d'éviter le problème épineux de l'âge.

Étant amoureux, vous êtes naturellement convaincu que l'amour est intemporel, mais vous n'êtes pas pour autant à l'abri du vieillissement, c'est-à-dire d'une modification sensible — physique et sentimentale — de votre apparence comme de votre comportement ; vos passions n'en seront pas pour cela moins intenses, elles seront différentes. C'est ce qu'exprime, en d'autres termes mais avec une grande pertinence, un proverbe yoruba du Nigeria : *Le jeune homme mange la chair, l'homme mûr mange le cœur.*

Vous devrez tenir compte, pour l'approche de l'âge, non seulement du sexe du destinataire, mais aussi des éventuelles différences... d'âge.

Si vous êtes tous les deux très jeunes, gardez-vous, mademoiselle, de trop insister sur cet aspect auprès de votre partenaire, car s'il vous aime c'est qu'il est « grand », majeur, adulte : plus question d'adolescence, il est un homme et tient à ce que vous le considériez comme tel. Faites plutôt référence à sa force protectrice ou à son pouvoir de séduction.

Mais si vous avez quelques années de moins que lui, ne jouez surtout pas à la petite fille, ne recherchez pas en lui le grand frère ou le père que vous auriez souhaité avoir. En général, l'homme amoureux d'une femme plus jeune craint ce genre de propos ; avant tout jaloux de toute « jeunesse » qui vous approche, il s'emploiera à diminuer, sinon à effacer, la différence d'âge entre lui et vous. Il vous faut donc le rassurer, effleurer seulement son passé et, surtout, éviter toute projection vers un avenir lointain, car ce serait lui faire prendre conscience de ce fossé des ans qui ne saurait que s'accentuer.

Et si vous appartenez à une génération antérieure à la sienne, ne le rajeunissez pas trop : ce n'est pas un gigolo ! Dites-lui que sa vigueur physique n'a d'égale que sa maturité psychologique, que vous rêviez de rencontrer un homme d'un équilibre aussi séduisant.

Vous non plus, monsieur, ne tombez pas dans ces pièges ! Si votre compagne est aussi jeune que vous, ne la traitez pas comme une gamine : elle est une femme, puisqu'elle vous aime... et que vous êtes un homme !

Si vous êtes plus jeune qu'elle, évoquez la beauté de son corps qui n'a jamais été aussi épanoui... Au cas où sa poitrine ne serait pas digne d'éloges, parlez de ses cheveux, de sa silhouette, de sa démarche ou de son rire ; si les rides font plus qu'une apparition sur son visage, parlez de sa voix, de sa volupté ou... d'un grain de beauté ; si ses jambes ou son corps accusent par trop les travaux ménagers, louez ses baisers, évoquez sa tendresse, insistez sur le désir qui ne cesse de vous ronger... Ne jouez sur la sensibilité maternelle que si vous êtes sûr de vous. Vous garderez toujours à l'esprit la « formule » de Gayo de Pitaval : *J'aimerais autant demander à un vieillard quel jour mourrez-vous, qu'à une jolie femme qui n'est pas trop jeune, quel jour êtes-vous née.*

Si vous êtes plus vieux qu'elle, n'oubliez pas que vous n'êtes pas son père... à moins que vous ne soyez convaincu qu'elle adore jouer à la « femme-enfant » et qu'elle affectionne particulièrement ce genre de rapport. Parlez-lui de sa beauté, de sa vitalité, de sa joie de vivre, des voyages que vous ferez ensemble au bout du monde ou... dans le Cantal. N'hésitez pas à lui rappeler, selon le proverbe allemand, que *les arbres les plus vieux ont les fruits les plus doux.*

Que vous soyez poète ou poétesse, voici quelques astuces. Vous trouverez toujours de beaux vers à composer en comparant les différentes étapes de la vie aux quatre saisons de l'année, et vous êtes libre de commencer par celle que vous voulez...

L'amour

Étés, puissants étés, votre nom même passe,
Être et avoir été, passe-temps et printemps,
Il passe, il est passé comme une eau jamais lasse,
Sans cicatrices, sans témoins et sans étangs.

Robert Desnos

De même, vous pouvez réussir avec les périodes de la journée et utiliser les mots suivants : demi-jour, midi, matin, aube, aurore, matinal, matutinal, crépuscule (préférable à déclin...), soir, soirée, veillée... Méfiez-vous de la nuit, symbole de la mort pour la plupart des gens :

C'est juste au point du jour que le coq de l'aurore
Pousse son cri plaintif. Sais-tu ce qu'il déplore ?
Il veut dire ceci : Dans le miroir de l'aube ce qui est clair,
C'est qu'une nuit de notre vie s'est écoulée, et tu l'ignores.

Jacques Gaucheron, d'après Omar Khayyâm

Pour d'évidentes raisons d'élégance, choisissez plutôt accompli que révolu, maturité que mûr, ancien ou doyen que vétéran, et n'oubliez pas qu'il vaut mieux paraître son âge que le porter. Enfin, méfiez-vous des poèmes composés à l'occasion des anniversaires ou des fêtes, car ils ont pour effet, au fil des ans, de ponctuer l'inexorable marche du temps. Hormis de très courts textes rappelant la première rencontre ou de merveilleux souvenirs (que vous n'êtes pas obligé de restituer dans le temps...), faites un cadeau plutôt qu'un poème laborieux et risquant de nuire à l'effet recherché.

François de Maynard, le rival de Malherbe, a composé vers la fin de sa vie un très beau poème intitulé « La belle vieille », dont voici quelques extraits :

Cloris, que dans mon temps j'ai si longtemps servie
Et que ma passion montre à tout l'univers,
Ne veux-tu pas changer le destin de ma vie
Et donner de beaux jours à mes derniers hivers ?
(...)
La beauté qui te suit depuis ton premier âge
Au déclin de tes jours ne veut pas te laisser,
Et le temps, orgueilleux d'avoir fait ton visage,
En conserve l'éclat et craint de l'effacer.

Regarde sans frayeur la fin de toutes choses,
Consulte le miroir avec des yeux contents.
On ne voit point tomber ni tes lys, ni tes roses,
Et l'hiver de ta vie est ton second printemps.

Comme vous le constatez, ces vers reprennent beaucoup de nos conseils et prouvent assez joliment qu'en amour il n'y a pas d'âge.

A chaque « coup de cœur », si vous en avez connu plusieurs, vous estimerez qu'il s'agit de l'amour et que tout ce que vous aviez ressenti jusqu'alors n'était que des sentiments communs ne supportant en aucun cas une quelconque comparaison :

J'ai senti de l'estime et de la complaisance,
De l'amitié, de la reconnaissance ;
De la compassion les chagrins innocents
M'en ont fait sentir la puissance ;
Mais je n'ai point encore senti ce que je sens.
Je ne sais ce que c'est, mais je sais qu'il me charme,

Corneille

Puisque donc le bonheur est toujours relatif, essayez comme Ernst Moerman de vous en passer :

L'amour doit toujours
Demeurer en deçà du lendemain;
Puisque le bonheur n'existe pas,
Tâchons d'être heureux sans lui...

Et si vraiment vous pensez que votre présent amour, malgré sa grandeur, ne correspond pas à l'idée et aux dimensions que vous vous faites du « grand amour », alors il ne vous reste qu'à croire à la métempsycose et à projeter vos désirs dans votre vie à venir :

Amour, tu as été mon maître :
Je t'ai servi sur tous les dieux.
Ô si je pouvais deux fois naître,
Comme je te servirais mieux !

Clément Marot

Peut-être le plus insupportable est-il, en amour, d'aimer sans pouvoir le dire à celui ou celle qui vous cause ce sentiment dévastateur ; c'est alors que surgissent souffrance et désespoir :

Mon âme a son secret, ma vie a son mystère,
Un amour éternel en un moment conçu :
Le mal est sans espoir, aussi j'ai dû le taire,
Et celle qui l'a fait n'en a jamais rien su.

Ces vers sont extraits d'un sonnet qui eut tant de succès que la postérité le désigna « Sonnet d'Arvers », du nom de son auteur Félix Arvers. Bien que Sainte-Beuve y perçut le souffle de Pétrarque, il doit son succès à tous les amoureux « transis » qui dès le premier vers s'y sont reconnus. *L'âme a son secret...* N'avez-vous jamais ressenti cet amour qui vous possède jusqu'au plus profond de votre âme ?

« De quel ennui secret ton âme est-elle atteinte ?
Me dis-tu : cher amour, épanche ta douleur ;
J'adoucirai ta peine en écoutant ta plainte,
Et mon cœur versera le baume dans ton cœur. »

Lamartine

Une constatation s'impose tout d'abord : les poètes contemporains ont beaucoup moins de prédilection pour ce mot que leurs aînés. Ce fait tient sans doute plus à l'abandon de la poésie rimée (âme permettait des rimes faciles et flatteuses) qu'à l'absence de préoccupations mystiques :

Oui, depuis que tes yeux allumèrent ma flamme,
Je respire bien moins en moi-même qu'en toi ;
L'amour semble avoir pris la place de mon âme,
Et je ne vivrais plus s'il n'était plus en moi.

Racine

ou

Pour soulager ma flamme,
Amour ferait bien mieux
S'il était dans ton âme
Comme il est dans tes yeux.

Jean-François Sarrasin

L'étymologie du mot « âme » va vous guider dans son utilisation. Il vient du latin anima qui signifie souffle vital, à travers le grec anemos qui désignait le vent (voyez « anémomètre »). Pour ce qui est des dérivés, il est préférable de suivre la racine grecque qui nous amène à anémone (« fleur qui s'ouvre au vent » !) que la latine qui ramènerait malencontreusement à animal...

L'homme sait depuis peu que sa compagne est aussi dotée d'une âme. Depuis il n'a cessé, en amour, de chanter ses mérites, ses vertus, ses aspects... mais ce fut aussi le début, pour la sienne, d'horribles souffrances et tourments ! C'est probablement ce constat qui a fait écrire au poète brésilien Manuel Bandeira : *Si tu veux éprouver le bonheur d'aimer, oublie ton âme. C'est l'âme qui gâte l'amour.*

Prenez donc beaucoup de précautions quand vous abordez ce « château intérieur ». N'ayez pas trop « l'âme en peine », ne vous prononcez pas « en votre âme et conscience », évitez de vous donner inconsidérément « corps et âme », gardez-vous de la « vendre au diable » et surtout... ne la rendez pas !

Si vous voulez situer l'âme, vous devez toujours « voler » très haut, car elle est légère comme un souffle et ne se plaît que dans l'air, l'espace, l'apesanteur, le ciel, l'azur, l'éther, les nues :

Mais soudain qu'elle s'est dedans vous envolée,
Tout aussitôt la vôtre en moi prend sa volée,
Ainsi je suis en vous et vous êtes en moi.

Étienne Pasquier

Donc, si elle n'est pas trop audacieuse, vous aurez quelques chances de la rattraper à l'horizon, au firmament, ou de la délivrer d'un arc-en-ciel... Si vous ne parvenez pas à vous élever suffisamment, sachez que l'âme est aussi au centre d'un mystère toujours absolu ou au cœur du secret le plus intime, qu'elle peut même être, comme chez Anne Hébert, un sanctuaire produisant des émanations parfumées : *Mon âme à goût de mer et d'orange verte.*

Faites attention par ailleurs aux multiples fréquentations de l'âme, souvent difficiles à cerner : anges, archanges, dieux de l'Olympe et d'ailleurs, élus et justes, séraphins et chérubins... ajoutez-y tous les saints et bien malin qui ne s'y perdra !

Mallarmé n'a pas lésiné lorsqu'il a écrit dans son poème « Soupir » :

Mon âme vers ton front où rêve, ô calme sœur,
Un automne jonché de taches de rousseur,
Et vers ce ciel errant de ton œil angélique
Monte, comme dans un jardin mélancolique,
Fidèle, un blanc jet d'eau soupire vers l'Azur !

Plus récemment, Pablo Neruda nous gratifie (mais il s'agit d'une traduction...) de métaphores pour le moins hasardeuses :

Ô jeune fille entre les roses, avec la pression des colombes,
ô place forte de poissons et de rosiers,
ton âme est une bouteille pleine de sel assoiffé
et ta peau est une cloche pleine de raisins.

Si l'âme ne se laisse pas facilement identifier et s'entoure d'un halo de mystère, c'est qu'on la présente presque toujours comme limpide, pure, transparente, immaculée, cristalline... Heureusement, parfois, elle n'est que claire... ou blanche. Jules Supervielle s'interroge à juste titre :

Sous quelle fougère où dort un insecte
Votre âme cherchait sa couleur première ?

L'amour

Éternellement parfaite, sincère, sereine, vertueuse, délicate, l'âme dans sa noblesse ne saurait ressentir que des inclinations ; elle est sujette au « vague » dans les mauvais moments et aux « bleus » dans les pires.

Si vous trouvez ces propos sur l'âme un peu trop ironiques, sachez cependant qu'ils vous permettront d'éviter bien des lieux communs qui ont étouffé ce mot au point de rendre périlleuse son utilisation actuelle. Sous l'influence de certaines religions, l'âme, symbole du spirituel par rapport au matériel, s'est vue sans cesse opposée au corps, à la chair. Il semble que ce soit sur ce terrain (si l'on peut dire) qu'il vous faille avancer, avec prudence certes, mais avec peu de risques de paraître démodé.

Sachez enfin, que, depuis sainte Thérèse d'Avila, les âmes sont douées de pulsions sexuelles, et que vous pouvez donc donner libre cours à votre imagination sans risque d'excommunication...

L'amour, qui n'autorise aucune concession, vous inquiète parfois, vous effraie même, si vous risquez, comme Antonin Artaud, de lui en vouloir, de l'accuser de tous vos maux et d'espérer les exorciser en recourant à l'insulte :

Et l'amour ? Il faut nous laver
De cette crasse héréditaire
Où notre vermine stellaire
Continue à se prélasser

Si vous évoquez, à juste titre, les dangers de l'amour, reconnaissez, comme Louis Dubrau, que pour connaître ses ivresses vous n'hésitez pas à prendre tous les risques :

Donc, il serait venu le temps de cet échange,
De ce dommage à deux,
De ce saccage au goût de miel.

Votre seule crainte réside dans la séparation (sur ce point reportez-vous au chapitre correspondant), uniquement, bien sûr, quand elle s'avère définitive ; sinon, considérez les querelles comme des événements dynamiques, la marche vers la perfection ne pouvant qu'être semée d'embûches :

L'amour se déchire à se parfaire, il assure
l'élan de l'être en combattant.

André Frénaud

Comme l'amour d'un mystique pour un dieu, votre amour de l'être aimé peut se résumer en la formule de sainte Thérèse d'Avila « todo es nada » (tout est rien), que reprend à sa façon Andrée Vernay :

Car tu n'es rien que le mystère de me tout révéler.
Et je n'attends rien de toi, mais j'attends tout de t'aimer.

Rien par ce qu'il vous prend tout :

Tu m'as tout pris,
L'extraordinaire, le simple,
Le complexe, le quotidien,
Le rêve et l'entente.

Claude de Burine

L'amour

Vous aimez et vous rêvez d'inscrire le mot amour sur tout ce qui vous entoure afin que le monde entier le sache :

« *Un oiseau qui vole dans l'air a dit son secret au bocage, qui l'a redit au vent qui passe, — et les eaux plaintives ont répété le mot suprême : — Amour! amour!* »

Gérard de Nerval

Au moment d'écrire un poème d'amour, conscient de l'usure des mots (maintes fois dits et écrits) que vous choisissez, vous redoutez de sombrer dans la banalité, comme Jacques Brault :

Je t'aime oui oui ce sont les mots toujours les mêmes mots / ceux du petit matin mouillé d'ennui / ceux de la chair qui dodeline et s'enfante au sursis

Mais ne vous inquiétez pas outre mesure et dites-vous que d'une part, après avoir lu ce livre, vous constaterez une nette amélioration, et que par ailleurs les mots ont un pouvoir qui vous échappe, selon leur destinataire, une fois qu'on les a couchés sur le papier :

C'est toi à qui je veux dédier mon amour,
A toi seule je veux par mes écrits complaire :
Tous les vers que j'ai faits et ceux que je puis faire,
En ton seul nom je veux leur faire voir le jour.

Jean de la Péruse

Enfin, sachez que vous gagnerez parfois en efficacité si, plutôt qu'un poème « d' » amour, vous envoyez à l'être aimé un poème « sur » l'amour. Vous pourrez ainsi, plus facilement, lui exposer certaines remarques qui le concerneront en particulier, diplomatiquement dissimulées sous le couvert de réflexions philosophiques générales. Ainsi, à la manière de Constance-Marie de Salm-Dyck, madame, composez par exemple un poème sur l'esprit volage de votre bien-aimé en lui précisant, comme cette comtesse du XVIIIe siècle, vos réactions dans le cas (peu probable, il est vrai) où le tenterait une quelconque incartade :

... L'amour pour vous est une affaire,
L'amour pour l'homme est un plaisir ;
S'il est jaloux par caractère,
Il est volage par désir :
Imitez-le, lorsqu'il s'envole ;
Dès qu'il s'irrite, osez le fuir ;
Quand de sa perte on se console,
Il est prompt à reconquérir.
Quelque transport qui vous agite,
Ne pardonnez qu'avec effort :
Un pardon accordé trop vite
Semble permettre un nouveau tort.
Que le mépris seul vous anime,
Si l'on blesse encor votre cœur ;
Un second outrage est un crime,
Un premier peut être une erreur...

Et vous, monsieur, si vous êtes marié, n'oubliez pas qu'une des grandes déceptions de votre épouse sera de vous voir entrer simultanément dans le mariage et dans le monde quotidien des habitudes, comme le dit ici Catherine Pozzi :

La grande amour que vous m'aviez donnée
Le vent des jours a rompu ses rayons.

Écrivez-lui donc un poème l'assurant qu'il n'en sera rien et que les rayons de votre amour brilleront toujours comme au premier jour...

L'amour

Madame, monsieur, écoutez Marie-Catherine Hortense de Villedieu :

Il est des maris si charmants,
Qu'ils peuvent être époux, sans cesser d'être amants.
Lorsqu'une âme tendre a l'adresse
D'assembler les devoirs de femme et de maîtresse,
Ceux d'amant et d'époux s'assemblent à leur tour.
Quand par la loi du cœur une main s'est donnée,
Le ciel n'a pas fait l'hyménée
Pour être, comme on dit, le tombeau de l'amour.

Rimes

Rime riche : mamours

Rime suffisante : humour

Rimes pauvres :

abat-jour, accoure, alentour, atour(s), autour, balourd, basse-cour, bourg, bourre, carrefour, concoure, concours, contour, contre-jour, cour, coure, cours, court, débours, demi-tour, détour, discoure, discours, encoure, faux-jour, four, fourre, gourd, jour, labour, lourd, parcoure, parcours, pourtour, recours, retour, savoure, secoure, secours, séjour, sourd, tambour, toujours, tour, tour à tour, troubadour, vautour, velours.

Age

Rimes pauvres : certaines peuvent devenir suffisantes selon le mot précédant « âge » : exemple : adage/d'âge, volage/l'âge, hivernage/en âge...

abordage, adage, alliage, aménage, ancrage, apanage, apprentissage, arrimage, arrivage, avantage, bagage, ballottage, barrage, battage, bavardage, bocage, braconnage, branchage, bronzage, cage, chantage, chuchotage, coquillage, cottage, couchage, courage, davantage, départage, dérapage, désavantage, dévisage, dommage, échouage, éclairage, encourage, enfantillage, engage, entourage, envisage, équipage, ermitage, esclavage, étage, feuillage, gage, gaspillage, herbage, héritage, hivernage, hommage, image, langage, libertinage, mage, mariage, marivaudage, massage, métissage, mirage, montage, nage, naufrage, nuage, ombrage, orage, outrage, ouvrage, page, parage, partage, paysage, pèlerinage, pillage, plage, présage, propage, rage, ravage, rengage, reportage, rivage, rouage, saccage, sage, sauvage, suffrage, tangage, tapage, tatouage, témoignage, tissage, trucage, vagabondage, veuvage, village, virage, visage, volage, voyage.

Ame

Rimes pauvres : certaines peuvent devenir suffisantes selon le mot précédant « âme » : lame/l'âme, dame/d'âme, trame/autre âme... A noter la très belle rime riche (difficile à placer) que forment « ces âmes » avec « sésame ».

L'amour

acclame, affame, amalgame, bigame, blâme, brame, Cham, clame, dame, déclame, diffame, drame, entame, femme, flamme, gamme, hammam, infâme, Islam, lame, macadam, Notre-Dame, pâme, Paname, proclame, rame, réclame, sésame, trame.

Le baiser

Le plus lent des baisers est encore trop hâtif.
Thomas Middleton

La bouche, les lèvres et les dents constituant un chapitre à part, nous ne prendrons en compte ici, selon la prosaïque définition du baiser par le docteur Henry Gibbons, que *la juxtaposition de deux muscles orbicularis oris dans un état de contraction.*

Pour l'immense majorité des hommes et des femmes, l'amour commence au jour du premier baiser : plus d'un « tube » de l'histoire universelle de la chanson peut témoigner de ce constat. *Ah ! dans ces premiers temps où l'on aime, les baisers naissent si naturellement !*

Marcel Proust.

Après et avant les mots d'amour vous embrassez cette bouche qui les a prononcés, pour en garder la saveur et pour lui dire, dans le silence de vos lèvres, « moi aussi je t'aime ».

Comment écrire un poème d'amour

Aucun des mots ne peut s'user
que j'emploie pour nommer mon amour
et ta bouche en relève sur ma bouche une trace
qui se décalque à travers nos baisers.

Lucien Becker

Prenez garde à ne pas restreindre le baiser au seul acte d'embrasser sur la bouche. Vous pouvez baiser non seulement toutes les parties — même les plus intimes — du corps de votre partenaire, mais aussi celles qui ne relèvent pas de la chair. Il n'est pas rare en effet qu'un des amants embrasse l'âme de l'autre, son cœur, son regard ou son parfum, sa vie ou ses chagrins. D'autre part, pensez au lieu où vous échangez vos baisers, il vous permettra peut-être, comme le fit Arthur Rimbaud, d'écrire des vers d'une séduisante simplicité :

L'hiver nous irons dans un petit wagon rose
Avec des coussins bleus.
Nous serons bien. Un nid de baisers fous repose
Dans chaque coin moelleux.

Si les synonymes de baiser — bise, bisou, bécot — n'ont rien d'enthousiasmant, plus intéressantes se révèlent ses manifestations. Le baiser se donne bien sûr, s'applique et se distribue, se reçoit et se rend, mais aussi se pose, se dépose, se plante parfois, se cueille, se prend, se ravit, se dérobe, se vole... Vous pouvez être couvert de baisers, voire même enseveli sous eux, mais aussi les goûter, les déguster, les manger ou les dévorer.

Quelquefois, pour apaiser
Ta rage mystérieuse

Le baiser

Tu prodigues, sérieuse,
La morsure et le baiser;

Charles Baudelaire

Les baisers sont susceptibles de s'envoler, d'être capturés et conservés, chassés et collectionnés, perdus et retrouvés, effeuillés et même comptés; dans un de ses « Sonnets », Shakespeare en fait un étonnant exercice d'arithmétique (inspiré, il est vrai d'un texte du poète latin Catulle) :

Mille baisers t'achèteront mon cœur et tu les payeras à ton loisir, un à un. Qu'est-ce pour toi que dix fois cent baisers? N'est-ce pas vite compté, vite donné? Disons qu'en cas de non-paiement la dette sera double : est-ce un si grand embarras que vingt fois cent baisers?

Il arrive aux baisers d'être petits ou gros, tristes ou gais, jaloux ou tendres, chastes ou sensuels, affectueux ou violents, tourmentés ou sereins, fougueux ou raisonnables, calmes ou passionnés, innocents ou érotiques, sages ou voluptueux, avides ou indifférents, chauds ou froids, brûlants ou polaires (variante : glacials, mieux que glaciaux)... et les baisers savent aussi se cacher pour mourir.

Un baiser, mais à tout prendre, qu'est-ce?
Un serment fait d'un peu plus près, une promesse
Plus précise, un aveu qui veut se confirmer,
Un point rose qu'on met sur l'i du verbe aimer;
C'est un secret qui prend la bouche pour oreille.

Edmond Rostand

Notez bien qu'on relève trois motifs essentiels de donner un baiser : par amour, par affection (à la famille ou aux amis), par respect (à une « dame du monde », à un ecclésiastique...). Et, ne l'oubliez pas, c'est un spécialiste qui vous le dit, *quand on donne un baiser à quelqu'un, c'est qu'on avait envie d'être embrassé soi-même* (Sacha Guitry). La moustache (ou la barbe) peut être un élément non négligeable dans l'art du baiser ; comme les Italiens aiment à le dire, sans excès de raffinement, *un baiser sans moustache est comme un beefsteak sans moutarde.*

Quant aux trois autres « composants » du baiser que sont la langue, la salive et l'haleine, ne les invoquez qu'avec un maximum de prudence.

La langue, que « Le petit Robert » définit, sans une once de poésie, comme un *organe charnu, musculeux, allongé et mobile,* peut se montrer bien sûr sensible, douce, parfumée, troublante, brûlante, voire même conquérante et possessive, mais il vous sera bien difficile de vous en servir pour composer de délicates envolées. A la salive vous pouvez toujours attribuer les qualificatifs communs à tous les liquides, mais gageons que la poésie aura du mal à y trouver son compte ! Pour l'haleine, le problème est autre, car c'est avant tout un souffle et donc tout ce qui est inhérent à ce mot vous est permis. D'autres, et des plus grands, ne s'en sont point privés.

Maîtresse, embrasse-moi, baise-moi, serre-moi,
Haleine contre haleine, échauffe-moi la vie,
Mille et mille baisers donne-moi je te prie,
Amour veut tout sans nombre, amour n'a point de loi.

Au désir fougueux de Ronsard, Louise Labé pourrait répondre sans détour :

Le baiser

Baise m'encor, rebaise-moi et baise :
Donne m'en un de tes plus savoureux,
Donne m'en un de tes plus amoureux :
Je t'en rendrai quatre plus chauds que braise.

Las, te plains-tu ? ça que de mal j'apaise,
En t'en donnant dix autres doucereux.
Ainsi mêlant nos baisers tant heureux
Jouissons-nous l'un de l'autre à notre aise.

Enfin n'oublions pas qu'embrasser signifie non seulement prendre et serrer dans ses bras, mais aussi donner un baiser ; conjugé, ce verbe permet d'intéressantes rimes.

Rimes

Rimes riches : biaiser, apaiser,
Rimes suffisantes :

Abuser, accuser, amuser, apposer, apprivoiser, attiser, baptiser, biser, blaser, braiser, briser, bronzé, causer, cicatriser, coloniser, composer, courtiser, cristalliser, croiser, dégriser, déguiser, démoraliser, dépayser, déposer, dévaliser, disposer, diviniser, diviser, dramatiser, électriser, entrecroiser, épouser, épuiser, éterniser, excuser, exorciser, exploser, exposer, fanatiser, favoriser, fraterniser, griser, idéaliser, immortaliser, imposer, improviser, iriser, jalouser, léser, magnétiser, maîtriser, matérialiser, martyriser, méduser, mobiliser, monopoliser, opposer, oser, pactiser, pavoiser, poétiser, polariser, poser, préciser, réaliser, récuser, refuser, réviser, ridiculiser, rivaliser, ruser, scandaliser, sensibiliser, stigmatiser, subtiliser, symboliser, sympathiser, user, viser.

(éventuellement : fusée, musée, Élysée, rosée, alizé, croisée, rusé...)

La bouche

si seulement tu posais ta bouche sur mon cœur,
ta fine bouche, tes dents,
si tu posais ta langue comme une flèche rouge
là où bat mon cœur poussiéreux,

Pablo Neruda

Dans son « Dictionnaire du Diable », le Nord-Américain Ambrose Bierce définit ainsi cette partie du visage : *chez l'homme, la porte d'entrée de l'âme ; chez la femme, l'issue du cœur.* Cette formule, pour le moins lapidaire, a le mérite de montrer que, indépendamment d'une de ses fonctions (le baiser), la bouche sert le plus souvent, en littérature, à exprimer des idées abstraites, les aspects proprement charnels étant dévolus aux lèvres. Il ne faut cependant pas laisser de côté l'autre fonction fondamentale de la bouche, la voix ; nous l'évoquerons dans un chapitre particulier.

(...) je suis pourtant désarmé
Par la bouche, rose de mai,
Qui parle si bien sans parole,

Et qui dit le mot sans pareil,
Fleur délicieusement folle
Éclose à Paris, au soleil.

Charles Cros

A défaut d'éliminer l'ensemble des formules banales, sachez opérer un tri. Ainsi, n'écrivez pas qu'elle ou il a « la bouche en cul de poule » mais conservez, si vous y tenez, « la bouche en cœur » ; et si Victor Hugo a fait passer *Puisque j'ai mis ma lèvre à ta coupe encore pleine,* ne laissez pas pour autant « l'eau venir à la bouche » ; évitez aussi d' « aspirer », de « sucer » ou de « suçoter ». Essayez plutôt de découvrir le parfum ou le goût de sa bouche.

... et si tiède, sa bouche avait le goût des pommes-roses, dans la rivière, avant midi.

Saint-John Perse

Tout est possible avec la moue ; elle est boudeuse ou charmante, incrédule ou sévère, exprime le dédain ou respire l'amour, manifeste l'ennui ou feint l'étonnement.

Bouche folle ou sage
Il te faut parler
Bouche ouverte ou close
Il te faut rêver
Plus haut que ton souffle

Comme Paul Éluard vous le montre dans ces vers extraits de son recueil « Le livre ouvert », la bouche peut vivre et ressentir à peu près tout ce que vous voulez. Elle possède une âme quasi « indépendante » du reste du corps. *« Bouche dont la douceur m'enchante* », « *Bouche, de tous mes maux le seul allègement* », « *Bouche qui retenez toutes les grâces* (Catherine des Roches), ... *sur ta bouche ou timide ou colère* (André Chénier), *Bouche gourmande des couleurs* (Paul Éluard)...

La couleur et la forme de la bouche ou des lèvres vous offrent d'immenses possibilités. Si la couleur rouge domine dans nos civilisations occidentales, et se révèle donc banale, la richesse des nuances vous permet une originalité certaine : amarante, carmin, cuivrée, écarlate, garance, incarnate, orangée, parme, pourpre, purpurine, violine, rosée, rubis, rousse, vermeille, vermillon, sans oublier le très fluide alizarine. Les comparaisons ne vous font pas davantage défaut grâce à la capucine, la cerise, le coquelicot, le corail, la fraise, le géranium, la groseille, l'orange, le lilas... Avec une aussi large palette, vous seriez impardonnable si vous vous permettiez bordeaux, carotte, cramoisi, lie-de-vin, rutilant, tomate, sanglant, aubergine, violacé ou vineux. En écrivant *Ses lèvres peintes, rouges comme une plaie,* Guy de Maupassant illustre bien les limites de la métaphore. Ronsard prend les risques de l'énumération :

Il sort de votre bouche un doux flair, qui le thym,
Le jasmin, et l'œillet, la framboise et la fraise
Surpasse de douceur, tant une douce braise
Vient de la bouche au cœur par un nouveau chemin.

Si vous préférez vous attarder à la forme, vous pouvez suivre le contour de la bouche ou le dessin des lèvres (fines, minces), mais ne vous arrêtez pas aux commissures, à l'ourlet, ni à la lippe ; dans le cas d'une bouche lippue ou de lèvres retroussées, attachez-vous plutôt à évoquer la sensualité qui en émane, leur frémissement excitant ou tout simplement leur volupté.

Vous frôlez ou vous effleurez avec vos lèvres, mais vous n'avez jamais le cœur au bord des lèvres !

Une bouche où respire une haleine de rose,
Entre deux arcs flambant d'un corail allumé,
Un balustre de dents en perles transformé,
Au devant d'un palais où la langue repose.

Cet extrait d'un sonnet dédié à Mademoiselle d'Arpajon par Savinien de Cyrano de Bergerac passe en revue la bouche, l'haleine, les lèvres, les dents, le palais et la langue... Il serait bien difficile, aujourd'hui, d'oser parler « d'arc flambant » ou de « balustre ».

Si par le passé les dents se voient fréquemment associées aux perles, c'est que le langage poétique en avait consacré l'usage. Là encore, l'image a mal franchi les années — les métaphores s'usent comme les mots — et il ne vous est plus loisible d'utiliser celle-ci de nos jours. Si vous souhaitez absolument parler des dents, lisez tout d'abord les vers suivants, dus à un abbé disciple de Clément Marot, un certain Eustorg de Beaulieu qui a commis ce « courageux » blason de la dent :

Bouche garnie par dedans
De deux râteaux de blanches dents
Bouche sans nulle tache noire,
Blanche, dis-je, plus que l'ivoire

Dent qui te montre en riant
Comme un diamant d'Orient
Dent précieuse et déliée,
Que nature a si bien liée.

La bouche

Il est urgent de ne rien faire, car, comme vous le constatez, l'exercice s'avère pour le moins périlleux. Vous imaginez-vous chantant les râteaux de l'être aimé ?

Sachez enfin que la vue de la bouche peut vous mettre en émoi, vous affoler, vous passionner, vous attendrir, vous émouvoir, vous enflammer, vous exciter... mais, au lieu de choisir l'un de ces verbes, préférez dire tout simplement qu'à la vue de sa bouche vous êtes troublé...

Rimes

Rimes riches : abouche, babouche, débouche, embouche, rebouche (sic !)

Rimes suffisantes : accouche, cartouche, couche, découche, douche, effarouche, farouche, louche, mouche, souche, touche,

Une constatation s'impose : évitez les rimes en -ouch...

Les bras

Dans nos bras qui s'unissent
Naît le vent doux qui calme la douleur
Qui détruit la faiblesse et la mort.

Jean Zimmermann

Parler des bras revient normalement à les évoquer ; mais, en amour, c'est surtout leur fonction essentielle que l'on considérera, prendre et serrer l'autre entre ses bras, c'est-à-dire, au sens propre, l'embrasser.

Prenez en considération les cinq parties du bras et de l'avant-bras : le poignet, le coude, l'aisselle, l'épaule, la clavicule. Vous pouvez éliminer tout de suite le coude et la clavicule aux possibilités poétiques limitées.

L'aisselle n'a d'intérêt que par les poils qui, s'y blottissant, exercent souvent un réel pouvoir érotique lié peut-être à une certaine odeur intime de l'être cher.

Lorsque Nana levait les bras, on apercevait les poils d'or de ses aisselles (Émile Zola).

Elle avait sur les épaules
Une tache de silence une tache de rose
Couvercle de son auréole.

Paul Eluard

L'épaule n'a réellement d'intérêt que nue, ce qui la fait généralement qualifier de frileuse. Montrez-vous plus original en parlant de sa courbe, de son arrondi ou, si la personne est musclée, de l'impression de volonté, de robustesse, de solidité que ses épaules dégagent.

Tes bras, qui se joueraient des précoces hercules,
Sont des boas luisants les solides émules,
Faits pour serrer obstinément,
Comme pour l'imprimer dans ton cœur, ton amant.

Charles Baudelaire

Le poignet d'une femme est mince, délicat, fin, fragile, délié, ou mieux encore gracile, c'est-à-dire à la fois mince et délicat ; ces qualificatifs (ou leur contraire) peuvent s'appliquer aussi bien à un homme : tout dépend de la morphologie et surtout de l'image qu'il vous semble que cet homme veuille donner de lui.

André Chénier n'hésitait pas à indiquer de quel côté se situe la force :

Mes bras, plus que les tiens agiles et pressants,
Forceront le rempart de tes bras impuissants.

Évitez d'utiliser les participes passés qui « correspondent » communément aux bras : croisés, ouverts, ballants, tendus, agités, baissés, balancés, écartés, levés, ouverts, pliés... Ce sont autant de clichés qu'il vaut mieux éliminer, à l'exception peut-être du verbe tendre.

Et mes bras sont tendus vers vous
C'est aujourd'hui que je vous aime

Pierre Reverdy

En présence d'un bras masculin musclé, nerveux, puissant, vous pouvez, madame, évoquer ses poils... si votre amant est intimement persuadé que sa virilité est proportionnelle à leur nombre, à leur dureté ou à l'intensité de leur couleur. Soyez cependant prudente avec des mots tels que velu, fourrure, laine, toison, pelage... qui risqueraient de donner lieu à de fâcheux rapprochements. Vous, monsieur, esquivez la question ou cantonnez-vous dans l'évocation de la finesse impalpable, quasiment immatérielle, du duvet.

Le bras s'orne parfois de bijoux, ce qui peut vous permettre de parler du bras sans le décrire, surtout si ledit bijou se compose d'ambre, d'or, d'ivoire, de corail, de jaspe, de nacre, d'argent ou s'il intègre des pierres précieuses aux noms merveilleux ; il vous sera alors facile d'écrire quelques vers aussi beaux qu'originaux. Mais gardez-vous d'utiliser l'image facile de l'esclave, pour un bracelet ou une chaîne, car cela relève d'un exotisme douteux.

Le soir, nue et couchée aux fraîches anémones,
la grâce de tes bras me donnera l'aumône.

Francis Jammes

Eh oui ! c'est aussi dans les bras que l'on se blottit, que l'on se pelotonne ; on les noue au cou de l'être cher

(*Je vous aime, mes bras qui mettiez à son cou / Le souple enlacement des languides tendresses,* écrit Marie Nizet), ou bien même on les donne, on les offre, on va « bras dessus, bras dessous », c'est avec eux qu'on serre, qu'on entoure, que l'on s'embrasse, avec eux aussi que l'on s'enlace et s'étreint, dans eux que l'on se jette et l'on tombe.

Peur de tomber, nos bras nous enlaçâmes,
Jusqu'au vallon ce fut notre soutien ;
Mais au moment où nous les séparâmes
Chacun eut peine à détacher le sien.

Marie-Anne de la Ferrandière

Rimes

Rimes presque riches : abracadabra, cobra, alhambra,

Rimes suffisantes :

apparat, baccarat, carat, contrat, diaspora, drap, embarras, extra, hourra, ingrat, Kâmâ-sûtra, opéra, rat, scélérat, ultra.

La caresse

Ah ! les philtres les plus forts
Ne valent pas ta paresse,
Et tu connais la caresse
Qui fait revivre les morts !

Charles Baudelaire

Émile Littré, dans son « Dictionnaire de la langue française », définit ainsi le mot caresse : *marque extérieure d'affection, qui se donne par la main, par les lèvres, et quelquefois par les manières et les paroles.* Donc tout, ou à peu près tout, est susceptible de caresser. Mais, attention, la caresse constitue un art avec ses règles, ses exercices, ses experts, ses professeurs, ses bons élèves et ses cancres. Dans certains pays cet art s'apprend avec le plus grand sérieux et souvent même dès le plus jeune âge. *La nature n'est pas caressante. La caresse est le produit d'un long apprentissage de la bestialité.*

Pierre Reverdy.

Le manque de tendresse est de toute évidence un mal qui sévit dans notre monde d'aujourd'hui à l'état endémique. Or, il n'existe pas de témoignage de tendresse plus pertinent que la caresse. La femme comme l'homme, mais plus la première, semble-t-il, que le second, placent la caresse comme une priorité dans les rapports physiques, souvent même avant la jouissance. Si l'on considère le mot homme dans son sens générique (mais il n'est pas évident que l'auteur de « La mort du loup » ait eu semblable intention), Alfred de Vigny nous a gratifiés d'une phrase juste et simple : *L'homme a toujours besoin de caresse et d'amour.*

Les synonymes de ce mot sont décevants, jugez-en plutôt : attouchement, contact, frôlement, frottement, effleurement, cajolerie, câlinerie... Seul câlin (admis à présent, mais employé abusivement puisque désignant normalement l' « émetteur » ou le « récepteur » des câlineries) paraît acceptable, mais vous ne risquez pas, en l'employant, d'être taxé d'originalité. Si vous vous référez au vocabulaire populaire, vous ne serez guère mieux servi : pelotage, papouille et autres mamours manquent singulièrement de relief. Et que dire des verbes correspondants, si ce n'est qu'ils sonnent aussi mal : attoucher, frotter, tripoter... ! Pour vous en sortir sans dommage, il ne vous reste donc plus qu'à « jouer » sur la nature ou la qualité de la caresse.

Ainsi, une caresse est toujours tendre, agréable, délicate, délicieuse, voire exquise et même profonde, comme l'a écrit Baudelaire :

Car j'eusse avec ferveur baisé ton noble corps,
Et depuis tes pieds frais jusqu'à tes noires tresses
Déroulé les trésors des profondes caresses.

La caresse

Dans un choix d'adjectifs particulièrement ouvert, vous pourrez privilégier ceux qui font appel aux variations de température, la caresse ayant la particularité de s'y montrer sujette. A moins de préparer une proche rupture, vous éviterez le glacial, le froid et même le tiède (très mal vu, le tiède), mais évoquerez les chaudes, brûlantes ou ardentes caresses (en évitant les bouillantes) ; vous pourrez aller jusqu'aux fiévreuses caresses, mais bannirez les fébriles. Et n'oubliez pas qu'après avoir échauffé, la caresse enflamme.

M'apprivoisent tes caresses muettes
Je sombre dans tes yeux
Tu me tires au fur des blessures
moi si lente prendre au feu qui me consumera
jusqu'à la folie parfaite.

Denise Miège

Vous pouvez aussi jouer sur la façon de donner ou de recevoir la caresse. On prodigue des caresses, mais il est assez bien vu d'en couvrir ou d'en accabler l'être aimé. Pour les obtenir, vous les appelez, les invitez, les attirez, les amadouez ; pour les gagner, vous devez les provoquer. En retour, elles vous séduisent, vous enchantent, vous captivent, vous fascinent, vous affolent, vous ensorcellent, vous envoûtent, vous subjuguent.

Il n'avait qu'à toucher de la main
Toucher de sa main de printemps
Les paupières fragiles des sources
Pour que s'ouvre
La terre promise des cils
Où l'ombre est bleue

Claude de Burine

La durée de la caresse est loin d'être négligeable : l'enjôleuse caresse est lente, hésitante ou furtive, empressée ou langoureuse, et, si douce qu'elle soit, elle ne devient jamais totalement imperceptible.

Aime-moi ; aime-moi toujours et davantage,
Caresse-moi jusqu'à l'épuisement des mains :
Tu peux tout concevoir en un instant d'amour...

Patrice de la Tour du Pin

Une caresse osée devient souvent voluptueuse, une audacieuse sensuelle, une aventureuse excitante, une intrépide troublante... et sous une avalanche de caresses vous plongez toujours dans l'ivresse.

L'air du soir si suave à la fin d'un beau jour,
Tout embrasait mon sang : tout mon sang est mon amour.
Non, plus de feux jamais, non, jamais plus d'ivresses
N'ont chatouillé ce cœur affamé de caresses.

André Chénier

Malgré l'assurance de Pierre Reverdy, les comparaisons « inhumaines » ne manquent pas.

la caresse de l'air :

On entendait les frémissements des blés en fleur, ondoyant sous la molle caresse de l'air.

Romain Rolland

la caresse du soir :

Le soir apportait sa caresse froide, son effleurement perfide.

Edmond Jaloux

S'y ajoutent les plus connues, et donc les moins originales, celle du vent (la bise...), celle des rayons du soleil, celle de la brume, celle de la mer ou de la vague océane...

Comment ne pas citer aussi cette intense émotion lorsque le regard de l'être cher vous effleure d'une caresse muette ou que vous percevez la caresse de sa voix mélodieuse... *Il disait des choses très dures d'une voix caressante,* écrit Romain Rolland.

Et pourquoi ne pas pianoter sur son corps comme l'on caresse les touches d'un piano...

Une dernière information, madame, ou plutôt un rappel, car vous ne l'ignorez sûrement pas : malgré la célèbre comparaison d'Anatole France (*La chair des femmes se nourrit de caresses comme l'abeille de fleurs*), l'homme (le mâle) est tout aussi avide de caresses que vous et n'a de plus cher désir que de succomber (c'est une image...) noyé ou dévoré par les vôtres.

Rimes

Rimes riches :

chasseresse, défenderesse, désintéresse, doctoresse, enchanteresse, forteresse, intéresse, palmarès (à la rigueur), paraisse, paresse, pécheresse, sécheresse, vengeresse.

Rimes suffisantes :

adresse, allégresse, baisse, blesse, bougresse, compresse, connaisse, déesse, délicatesse, détresse, diablesse, dresse, empresse (s'), épaisse, expresse, faiblesse, finesse, gentillesse, hardiesse, hôtesse, ivresse, jeunesse, joliesse, kermesse, laisse, liesse, maîtresse, maladresse, messe, mulâtresse, naisse, négresse, noblesse, oppresse, presse, prêtresse, princesse, professe, progresse, promesse, prophétesse, prouesse, richesse, sagesse, souplesse, sveltesse, tendresse, tigresse, traîtresse, transgresse, tresse, tristesse, vitesse.

Les cheveux

Ses cheveux sont d'or on dirait
Un bel éclair qui durerait
Ou ces flammes qui se pavanent
Dans les roses-thé qui se fanent.

Guillaume Apollinaire

Ce qui caractérise en premier lieu les cheveux, c'est leur couleur.

Les cheveux blonds nous conduisent tout naturellement à l'or, au jaune doré. *Ses cheveux sont blonds, blonds comme du tabac anglais,* écrit Jean Cayrol. Notez que, si mordoré se dit d'un brun chaud, à reflets dorés, cet adjectif est difficile à « placer » avec élégance. De même, les dérivés du mot, hormis blondeur si vous l'utilisez judicieusement, sont peu recommandables poétiquement : blondasse, blondin(e), blondinet(ette), blondir, blondoyer, blondoiement. Les comparaisons ne manquent pas, évitez cependant le cliché « blond comme les blés », et faites plutôt référence à l'ambre ou au safran. Mais on trouve toujours des exceptions et Stéphane Mallarmé a réussi une belle rime riche lorsqu'il a écrit :

Ta pâle chevelure ondoie
Parmi les parfums de ta peau
Comme folâtre un blanc drapeau
Dont la soie au soleil blondoie.

Les cheveux roux nous conduisent naturellement à la couleur rouge et à tout ce qu'elle sous-tend : le sang, le feu, les flammes. *La quarantaine approchait sans que le roux ardent de ses cheveux frisés eût pali.* Apollinaire. Comme pour la teinte précédente, les dérivés, excepté rousseur, sont peu séduisants : rouquin(e), roussâtre, roussir... orientez-vous plutôt vers auburn ou acajou et abandonnez le « poil de carotte » que tous les roux et les rousses entendent depuis leur plus tendre enfance.

Par définition, le brun se situe entre le roux et le noir ; plus foncé que le châtain, il désigne la couleur qui permet le moins de « folies » poétiques. Vous devez donc, comme Baudelaire, faire intervenir un autre élément :

... et laisse
Tes bruns cheveux verser la pesante mollesse
De leurs ondes sur nos baisers silencieux.

Pour le noir évitez l'ébène, bien que l'image et la sonorité soient belles, ainsi que le jais inévitablement accolé (même chez Verlaine : *l'une pâle, aux cheveux de jais*). Une chevelure noire est sombre, d'ombre, ténébreuse... pensez au crépuscule, au soir, à la nuit...

Ses cheveux sont comme la nuit avec cette différence

Les cheveux

Qu'en les regardant bien on n'y voit aucun astre.
Son visage est soleil éclatant, pourtant,
Il garde à la nuit des cheveux sa profondeur.

Abdullah Al-Banna

Les cheveux gris sont, bien sûr, l'ultime étape avant les blancs. Chez une personne jeune, ils constituent souvent un atout supplémentaire du charme, et vous pouvez évoquer sans problème la sagesse qu'ils inspirent. Restent les moins jeunes, pas encore vieux, pour lesquels la prudence est de rigueur. Si les cheveux sont « poivre et sel », jouez sur l'un ou l'autre aspect selon l'apparence que souhaite se donner la personne pour qui vous écrivez votre poème. Là encore, comme pour les autres couleurs, les dérivés sont à bannir ; les analogies flatteuses abondent : argent, cendre, platine, neige, nacre...

Un homme change ainsi qu'au ciel font les nuages
Tu passais tendrement la main sur mon visage
Et sur l'air soucieux que mon front avait pris
T'attardant à l'endroit où les cheveux sont gris.

Louis Aragon

On en revient toujours à l'opulente chevelure
Où la main éternellement passera et repassera
Ainsi as-tu fait, ô Hafiz
Et nous reprenons le jeu depuis l'origine.

Goethe

Mais vous pouvez aussi décrire une chevelure sans en indiquer la couleur. Stéphane Mallarmé, qui sans nul doute fut en poésie le meilleur coiffeur pour dames de sa génération (il était d'origine italienne et dans la péninsule on aime à dire que « *la beauté du ciel est dans les étoiles, la beauté des femmes est dans leur chevelure* »), y parvient de fort belle façon :

Mais ta chevelure est une rivière tiède,
Où noyer sans frissons l'âme qui nous obsède
Et trouver ce Néant que tu ne connais pas !

En admirant les cheveux de sa bien-aimée, Saint-Pol Roux entre dans une extase quasi mystique :

La chevelure en pleurs à la façon des saules,
L'intruse se leva comme on sort de la mer.
Un friselis subtil à fleur de ses épaules
Indiquait que deux ailes germaient de sa chair.

Ne cherchez pas trop du côté de la nature des cheveux, car les mots et les termes afférents ne sont pas des plus folichons : bien plantés, fins, épais, touffus, fournis, ondulés, frisés, crépus, souples... Vous risquez fort, pour vous en sortir, de devoir reprendre l'éternel « soyeux ».

La diversité des coiffures se révèle quasiment inépuisable, valable de nos jours pour les deux sexes : accroche-cœur, anglaises, boucles, chignon, mèche, nattes, queue, tresses et frange n'épuisent sûrement pas le stock. Pensez aussi aux accessoires appropriés : le bandeau, l'épingle, le nœud, le peigne, le ruban, la voilette, le filet, la barrette, la broche ; ils peuvent relancer votre inspiration selon leur matière et l'originalité de leur forme. Il y aurait bien aussi le diadème et les bigoudis, mais le premier se porte peu et les seconds n'entraînent pas vers un érotisme délirant !

Les cheveux

Les cheveux ne se différencient pas des autres parties du corps et se prêtent bien à la personnification dont use la poésie : ils vivent, ressentent, souffrent ou se libèrent comme tout un chacun. Mais le plus souvent ils se défont, se dénouent, se rebellent, frissonnent, et parfois servent de liens pour emprisonner les cœurs : *Les nœuds de tes cheveux devinrent mes liens.* Racine.

Ses cheveux voletant à quelque distance
de sa peau haute
puis revenant la butiner
dissimulée dans le blotti d'une extase

Thérèse Plantier

Vous n'avez qu'à lever une main pâle comme la perle,
Lier vos longs cheveux et soupirer,
Pour que tous les cœurs des hommes battent et brûlent.

W. B. Yeats

Si la vision d'une femme se coiffant a fait « craquer » plus d'un homme depuis des millénaires, la « gent féminine » ne détient pas le monopole de l'inspiration des élans poétiques ; les vers qui suivent, de Paul Eluard, suffisent pour s'en convaincre :

Il pose un oiseau sur la table et ferme les volets.
Il se coiffe, ses cheveux dans ses mains sont plus doux
qu'un oiseau.

Enfin, le vent, lui aussi, coiffe et décoiffe, mais que les chauves ne se sentent pas frustrés, car « *sur les volcans il ne pousse pas d'herbe* » !

Rimes

amoureux, anxieux, audacieux, adieu, aventureux, astucieux, bleu, belliqueux, bienheureux, broussailleux, brumeux, camaïeu, capiteux, capricieux, chaleureux, chanceux, cendreux, cieux, courageux, curieux, dangereux, délicieux, désireux, deux, dieu, doucereux, douloureux, duveteux, ennuyeux, enjeu, envieux, eux, fabuleux, fallacieux, feu, fiévreux, fougueux, frileux, furieux, généreux, glorieux, gracieux, hasardeux, heureux, hideux, houleux, jeu, joyeux, laineux, langoureux, luxurieux, malheureux, malicieux, majestueux, merveilleux, miraculeux, moelleux, mystérieux, nébuleux, neigeux, nombreux, nuageux, ombrageux, paresseux, peu, plantureux, pompeux, précieux, prestigieux, prodigieux, pulpeux, queue, radieux, religieux, rigoureux, savoureux, scandaleux, silencieux, sinueux, sirupeux, somptueux, soucieux, soupçonneux, sourcilleux, soyeux, talentueux, tempétueux, ténébreux, tortueux, tumultueux, vaniteux, vertigineux, vertueux, victorieux, voluptueux.

On remarquera que toutes ces rimes sont pauvres. Aussi les amateurs de rimes riches éviteront-ils en fin de vers le mot cheveu, à moins d'avoir à placer quelque… neveu.

Le cœur

Je donnerais un long poème
pour un cri de cœur que j'entends.

Charles Nodier

Émile Littré donne en troisième sens du mot cœur la définition suivante : *l'ensemble des facultés affectives et des sentiments moraux, par opposition à esprit, qui est l'ensemble des facultés intellectuelles ; cet emploi du mot cœur provient d'une opinion ancienne et erronée qui plaçait le siège des passions dans le cœur, parce que cet organe en ressentait immédiatement des effets manifestes.*

Cette opinion erronée risque fort de se perpétuer longtemps, et vous n'allez pas cesser vous-même, tout au long de ce chapitre, d'y contribuer ; vous qui aimez, le doute, en effet, ne vous effleure même pas : le cœur est bien le lieu de résidence de votre amour.

Pour vous faciliter le travail, reportez-vous, si le cœur vous en dit, au « Dictionnaire des proverbes, sentences et maximes » (Larousse, nouvelle édition, 1986) de Maurice Maloux qui, au mot cœur, cite trois proverbes chinois permettant de mieux le situer : *Le cœur de l'homme parfait est comme une mer dont on ne peut découvrir les lointains rivages ; le fond du cœur est plus loin que le bout du monde ; le monde est une mer, notre cœur en est le rivage.*

Ne prenez pas trop à cœur cette lecture, vous risqueriez de ne plus avoir le cœur à rien. Restez serein et rappelez-vous ce qu'affirmait Le Petit Prince de Saint-Exupéry : « *on ne voit bien qu'avec le cœur* ». Un troubadour du XIIe siècle, Arnault de Mareuil, ne semble pas d'accord avec cette « vision » du cœur :

... je sais bien que le proverbe que l'on répète est faux : « Quand les yeux ne voient pas, le cœur ne souffre pas. » En vérité, dame, mon cœur souffre quand mes yeux ne peuvent vous voir.

Commencez par éliminer les mots dérivés du grec « kardia », tels cardiaque et tachycardie — laissez-les au corps médical — et préférez ceux issus du latin « cor » : contrecœur, courage, courroucer, accorder, concorder, cordial et même accordéon. Renoncez aussi à tout ce qui peut vous amener à vous l'arracher ou à le crever, à le fendre ou à le briser, à le gonfler ou à le serrer, à le percer ou à le déchirer. Comme Clément Marot, mieux vaut que vous l'échangiez avec celui de l'être aimé :

Vous le prendrez, ce cœur, je le vous livre ;
L'emporterez pour le rendre délivre
Du deuil qu'aurait loin de vous en ce lieu ;
Et pour autant qu'on ne peut sans cœur vivre
Me laisserez le vôtre, et puis adieu.

Le cœur

Avoir le cœur gai ou joyeux serait d'une banalité affligeante ; orientez plutôt le vôtre vers l'enchantement, l'euphorie, l'ivresse, le ravissement, la jouissance, la sérénité... Attention, un cœur trop plein finit toujours par déborder, ne le faites pas trop nager dans le bonheur car inévitablement il s'y noierait ; ne l'offrez que s'il est fortuné (bien que l'on fasse toujours contre mauvaise fortune bon cœur) et sachez que s'il est trop échauffé, trop ardent, il ne pourra que s'embraser, que s'enflammer...

Le cœur, c'est la foudre. On ne sait où elle tombe que quand elle est tombée.

Henri Lacordaire

Mais je porte caché au plus haut des entrailles
A la place où la foudre a frappé trop souvent
Un cœur où chaque mot a laissé son entaille
Et d'où ma vie s'égoutte au moindre mouvement.

Pierre Reverdy

Quand le cœur est heureux, il ne bat plus, ne palpite plus, mais tremble, vibre ; quand il est blessé, il saigne, souffre, se plaint, tressaille ; ému, il s'agite ou frissonne ; grand sensible, il est si timide qu'il s'effarouche facilement. Dans tous les cas, le cœur dispose de la parole ; il parle (et il écoute), susurre, chante (quelquefois le blues), crie, murmure, s'épanche et, bien qu'il se confesse fréquemment, sait se taire ou rester silencieux.

Je vous aime, et sais bien que mon mal est fatal.
Le cœur le dit assez, mais la langue est muette.

Ronsard

Parfois, aussi, le cœur est aérien, quasiment suspendu, comme en témoigne Anna de Noailles :

J'entendrai s'apprêter dans les jardins du temps
Les flèches de soleil, de désir et d'envie
Dont l'été blessera mon cœur tendre et flottant.

Prévert le dit de façon plus moderne, plus simple et, reconnaissez-le, plus poétique :

L'oiseau qui vole si doucement
C'est ton cœur jolie enfant
Ton cœur qui bat de l'aile si tristement
Contre ton sein si dur et si blanc.

Le cœur a généralement le pied marin sur des flots de tendresse ou des océans d'amour ; et, s'il lui arrive d'être ballotté dans quelque mer intérieure, seuls des sentiments peu « porteurs » sauraient le faire sombrer dans de mortels naufrages. Ses possibilités marines se révèlent en effet pratiquement illimitées : bien ancré, il évite de chavirer, mais si jamais il largue les amarres, vous aurez bien du mal à rester dans son sillage, qui plus est à le prendre d'abordage. Délesté et mal gouverné, il risque fort de s'échouer si on ne le remorque. Mais, de grâce, ne vous considérez jamais comme un simple passager : à moins que vous ne soyez un dragueur patenté, vous ne manqueriez pas d'avoir à ramer sur quelque galère !

Pour échapper à tous ces risques, empruntez donc le chemin du cœur de l'être aimé : vous trouverez immanquablement le pont qui le relie au vôtre. D'ailleurs, à tout bien considérer, vous n'avez plus de cœur, puisque vous le lui avez donné ! Et il ne serait pas surprenant que dans vos deux poitrines ne batte qu'un seul cœur :

Deux étions et n'avions qu'un cœur.
François Villon

Vous aviez mon cœur,
Moi j'avais le vôtre :
Un cœur pour un cœur,
Bonheur pour bonheur !
Marceline Desbordes-Valmore

Cela explique que la mort se révèle impuissante à séparer deux cœurs, comme l'écrit si joliment (mais quelque peu tyranniquement) Max-Pol Fouchet :

Quand cessera mon cœur
Le tien cessera de battre.
Il faut bien que tu saches
Que j'emporterai ton cœur.

Un dernier conseil de la marquise de Sévigné : *Le cœur n'a pas de rides.* On est toujours jeune de cœur : y croire aide à le devenir ou à le redevenir !

Rimes

Rimes suffisantes (pouvant devenir riches selon la voyelle qui précédera le mot « cœur ») :

accroche-cœur, bookmaker, chœur, chroniqueur, claqueur, contrecœur (à), craqueur, crève-cœur, critiqueur, croqueur, écœure, enfant de chœur, escroqueur, haut-le-cœur, liqueur, moqueur, piqueur, rancœur, remorqueur, shaker, speaker, trafiqueur, traqueur, trinqueur, troqueur, truqueur, vainqueur.

La plupart de ces rimes suffisantes s'accordent malaisément au thème ; vous leur préférerez parfois quelques rimes qui, pour être pauvres, n'en seront pas moins plus évocatrices : par exemple, leurre, fleur, affleure, effleure, lueur, etc.

Le corps

Dieu fit votre corps noble et votre âme charmante.
Le corps sort de la terre et l'âme aspire aux cieux ;
L'un est un amoureux et l'autre est une amante.
Germain Nouveau

La sonorité et le sens de ce mot invitent à paraphraser Pascal : le corps a ses raisons que la raison ignore. Si le « corps amoureux » demeure en poésie « l'enveloppe charnelle de l'âme », c'est aussi un lieu magique, chargé de symboles, qui vous permet d'exprimer toutes, ou à peu près toutes, les folies de votre inspiration. A la phrase de Maurice Zundel : *L'amour est trop proche de l'adoration pour ne pas prendre pour un dieu le moindre reflet d'Infini qui glisse sur un corps,* le philosophe Alain répond *Le corps humain est le tombeau des dieux.*

Pour évoquer la forme et la taille du corps de l'être aimé vous devez faire abstraction de toute référence aux canons de beauté stéréotypés, car, bien que vous ayez, madame, toujours rêvé d'un grand blond aux yeux bleus, vous aimez peut-être un petit brun ventripotent ; et vous, monsieur, après avoir fantasmé sur Raquel Welch ou Isabelle Adjani, vous êtes épris d'une merveilleuse « garçonne », vous aimez son corps et c'est la seule chose qui compte !

Mais attention, même dans vos plus beaux élans, si son poids s'apparente davantage au plomb qu'à la plume, évitez les envolées à la manière de Pierre Francescat :

C'est toi, je te revois avec tes yeux semblables
Au ciel toujours clément,
Et ton corps inscrivant si léger sur le sable
L'heure nonchalamment.

Mieux vaut, si tel est le cas, vous en tenir aux notions abstraites :

Tu es venue le vœu de vivre avait un corps
Il creusait la nuit lourde il caressait les ombres
Pour dissoudre leur boue et fondre leurs glaçons
Comme un œil qui voit clair

Paul Eluard

Bien entendu vous bannirez les qualificatifs gros, grand, maigre, petit et les remplacerez plus élégamment par puissant, trapu, plantureux, élancé, mince, fin, délicat, gracile, frêle, fuselé, délié, fluet...

Le corps s'exprime par le mouvement, et poétiquement il ne bouge ni ne remue mais se meut, se déplace, se lance, évolue, frémit, frissonne, glisse... De même, évitez debout et dites qu'il se lève, se dresse, se cambre ; éliminez couché et affirmez qu'il s'allonge, s'étend, se détend ; refusez penché et montrez comme il se courbe, s'incline, se prosterne...

Lorsque, écrivant un poème, vous prenez pour sujet le corps de votre partenaire, le plus souvent, avouez-le, ce corps, vous le pensez nu. Vous ne voyez pas ce corps, mais le contemplez, l'admirez, le caressez des yeux ; l'émotion vous trouble, comme Marcel Béalu :

Mes balbutiements autour de ton corps
Sont pareils au souffle du soir
A la surface des eaux vivantes.

Le lieu (et l'environnement) dans lequel vous le revoyez ou l'imaginez sont aussi déterminants et parfois, comme le poète indien Kalidasa, vous croyez le discerner dans les éléments de la nature :

Je devine ton corps dans les souples lianes ;
Ton regard dans les yeux des gazelles craintives ;
Le beau teint de ta joue, en celui de la lune ;
Tes cheveux dans la queue alourdie des paons ;

Le mot corps autorise de belles et faciles rimes, en particulier avec accord et encore. Si l'expression corps à corps permet de belles évocations, ne vous privez pas, comme Paul Eluard, de jouer avec le cœur : *Au cœur de notre corps/Tout fleurit et mûrit.* S'il est ainsi amusant de noter que l'expression « à son corps défendant » signifie « à contrecœur », n'oubliez pas non plus « garde du corps », « à corps perdu », « corps du délit » et « délit du corps », « diable au corps »...

Le corps possède ses lignes et ses frontières et les poètes y ont souvent dessiné une « géographie » charnelle. Octavio Paz excelle en cette discipline : *Les fleuves de ton corps/pays de battements (...) pays d'yeux clos (...) pays de miroir en éveil/pays d'eau qui veille.* Mais, pour Anne Hébert, et pour vous peut-être, le corps dépasse cette notion de contrée, région, pays, voire de territoire ou de réserve : *Toi, corps de mon corps, ma terre, toutes mes forêts, l'univers chavire entre mes bras.* Le poète mexicain Enrique Gonzalès Rojo s'en tient, quant à lui, à une métaphore plus raisonnable, plus intimiste (un jardin) et l'image est belle, la neige symbolisant légèreté, douceur et pureté :

Il a neigé toute la nuit
sur le jardin de ton corps ;
mais il reste encore des roses
et des boutons ouverts

Au cinéma, la pluie, autre élément naturel, a été souvent utilisée, pour mettre en valeur le corps nu d'une femme comme d'un homme ; plus que la pluie d'ailleurs, c'est l'eau (de la mer, d'un torrent, d'une... douche), l'eau ruisselant sur la peau, l'eau épousant les méandres du corps, l'eau scintillant dans la lumière, qui crée l'émotion et ouvre l'esprit à tous les fantasmes sur *son corps pavé de pluie,* comme l'écrit magnifiquement Paul Eluard.

Quelles que soient les différences de forme, de taille, de couleur et d'âge, lorsque deux corps amoureux s'accouplent, ils ne font qu'un. Cette unité originelle retrouvée, cette synthèse à chaque fois miraculeuse, cette réconciliation, ou plutôt cette complémentarité magique, ne laisse pas de surprendre, de séduire, d'envoûter, d'ensorceler amants comme poètes :

Le corps

Quoi ? ce timide oiseau, replié par le songe
Déserterait son nid,
Son nid d'où notre corps à deux têtes s'allonge
Par quatre pieds fini.

Jean Cocteau

L'esprit n'a pas toujours l'ascendant sur le corps qui, cela lui arrive, peut mentir, trahir et même s'ouvrir :

Ton corps s'ouvre comme un regard
Comme une fleur au soleil d'un regard
Tu t'ouvres
Beauté sans appui.

Octavio Paz

Rimes

Rimes suffisantes (éventuellement riches selon la voyelle qui précède le mot « corps ») :

accord, accore, accort, cors, décor, décore, désaccord, discord, édulcore, encor(e), justaucorps, picore, record, recors.

Rimes pauvres :

amphore, carnivore, clore, dehors, dore, dors, éclore, endors, folklore, hors, incolore, incorpore, inodore, métaphore, météore, or, phosphore, pléthore, pore, port, rapport, ressors, ressort, retors, sors, support, tort, tricolore.

La déclaration

Il se torturait à découvrir par quel moyen lui faire sa déclaration, écrit Flaubert, mais lequel d'entre nous ne s'est pas trouvé un jour confronté à ce délicat problème ?

Philippe Héraclès, dans l'avant-propos de son anthologie intitulée « Les plus belles déclarations d'amour » (Le Cherche-Midi, éditeur, 1984), évoque avec beaucoup de justesse cet acte capital : *Quand la passion naît entre deux êtres, le moment le plus attendu, le plus émouvant, est sans doute celui de la déclaration d'amour (...) Déclarer son amour par une lettre, par un poème, s'inscrit dans une tradition qui veut que les sentiments ainsi tissés à vif vont se graver à tout jamais dans la mémoire.*

Il va sans dire que, pour ce thème, vous ne travaillerez pas à partir du mot mais sur le contenu de votre aveu. Quelque époque que l'on considère, on ne peut pas dire que les poètes ont produit le meilleur de leur œuvre dans la déclaration d'amour ; beaucoup, au contraire, nous ont gratifiés sur le sujet des mièvreries les plus affligeantes. Pour faire mieux, ou du moins pas plus mal, que vos illustres prédécesseurs, vous devez éviter les « pièges » les plus fréquents.

Bien qu'un poème ne soit pas une lettre, il est assez courant qu'on l'adresse. Choisissez alors judicieusement le terme désignant l'élu, en évitant à tout prix les diminutifs ridicules ainsi que les termes ou appellations stéréotypés ; le meilleur choix réside souvent dans le simple prénom. Certains mots, ne l'oubliez pas, se disent facilement dans certaines circonstances mais supportent plus malaisément d'être écrits ; Jean Dubacq définit ainsi « Ma chérie » : *le mot convient aux souffles des amants qui vont se perdre dans l'instant d'anonymat du plaisir.* Cette expression, vous devez donc la proscrire en poésie, puisque le but de votre poème est justement de vous extraire de votre anonymat. Avec l'humour particulier qui le caractérise Frédérick Tristan commence ainsi une déclaration :

Mademoiselle,

Vous ne pouvez savoir combien il m'est difficile de vous nommer ainsi, alors que tout me porte à croire que vous n'êtes ni mienne ni sienne, ni rien de ce que la possession exprime, mais seulement femme, suffisamment, quotidiennement, nuitamment, justement femme. Aussi vous nommerai-je désormais Marijuana...

Que votre amour se déclare par un coup de foudre, dès la première rencontre par exemple, ou qu'il ait longuement mûri jusqu'à s'imposer comme une vérité impossible à dissimuler plus longtemps à l'être élu et au monde, il est un fait capital, déterminant, que vous ne devez jamais perdre de vue : les changements qui bouleversent à présent votre vie.

Une première évidence s'impose alors à vous : le monde est différent, soit que votre perception s'en trouve modifiée, soit que vous le perceviez à travers la personne aimée ou même carrément avec ses yeux. *J'ai tes yeux dans les miens / Et nous sommes ensemble.* Jean Zimmermann.

Parfois cet amour déclenche l'arrêt ou le démarrage du monde. Au XVIe siècle, émettant l'hypothèse que son sentiment l'abandonne, Madeleine de l'Aubespine a décrit l'univers avec un souffle surréaliste qui aurait enchanté André Breton :

L'on verra s'arrêter le mobile du monde
(...)
Et la lune en carré changer sa forme ronde,
Le feu sera pesant et légère la terre,
(...)
On verra les poissons voler...

Dans le même esprit, trois siècles plus tard, Jean Zimmermann déclare à sa belle que par amour pour elle il crée un vrai chambardement :

Pour toi je détruirai les murs de l'habitude
Les pleurs désespérés qui naissent de la brume
Pour toi je détruirai les sources de la peur
Pour toi la nuit deviendra claire
Et l'hiver finira
Pour toi je changerai le silence en chansons
Le brouillard en soleil et les rochers en fleurs
Pour toi je mûrirai le blé de notre espoir

Et puis Francis Carco, tout simple mais tout aussi beau : *Il pleut — c'est merveilleux. Je t'aime.*

Une autre méthode, fréquemment utilisée, consiste à décrire un monde édénique puis à s'interroger sur les raisons d'une telle vision ; sans attendre de réponse (qui vous la donnerait, d'ailleurs ?) vous vous empressez d'affirmer que si le bonheur est ainsi, alors, assurément, vous aimez. C'est la déclaration par démonstration, qui offre une multitude de possibilités. Sur le même principe, vous pouvez partir, non plus du monde qui vous entoure, mais de vous-même, comme l'a fait, parmi d'autres, Paul Éluard :

Tu es venue j'étais triste j'ai dit oui
C'est à partir de toi que j'ai dit oui au monde.

Si la déclaration d'amour crée un commencement, celui-ci peut naître autant d'un départ que d'une arrivée : « je suis arrivée au port » ou « nous partons toutes voiles dehors », de toute façon, c'est elle ou c'est lui que depuis toujours vous cherchiez. Si vous avez un passé « lourd », vos conquêtes étant connues, avouez que dans chacune d'elles vous cherchiez (vainement, cela va sans dire, mais c'est encore mieux en le disant) celle ou celui à qui présentement vous écrivez. Avec lui (ou avec elle) s'achève votre quête.

Plutôt que mon amour, à vous seul destinée,
Se tourne en autre part, car pour vous je fus née,
Je ne vis que pour vous, pour vous je veux mourir.

Madeleine de l'Aubespine

En faisant appel aux saisons pour souligner cette naissance ou cette re-naissance (par exemple, « tu es mon été », « mon printemps », « la fin de mon hiver »...), vous prenez le risque de limiter dans le temps votre amour qui est par nature éternel. Le temps est justement l'un des éléments fondamentaux de la déclaration, et tout d'abord parce qu'amour rime avec toujours et que l'on aime à chaque fois pour la première fois. Là, vous devez vous méfier de vous-même pour échapper aux pires lieux communs, car vous glissez déjà, n'est-ce pas ? dans le « toi, toi, mon toit » ou dans « vous ne pourrez mourir sans moi, ni moi sans vous », ou autres « je suis toi et tu es moi »... Dans le genre vous ne parviendrez pas à surpasser Marguerite de Navarre :

Ma vie, si tu vis, ne peut être ravie,
Vu que ta vie est plus la vie de ma *vie,*
Que ma vie n'est pas la vie de mon corps !
Je vis par et pour toi, ainsi que pour moi-même ;
Je vis par et pour moi, ainsi que pour toi-même ;

Que l'amour soit éternel ne signifie pas qu'il ne puisse pas évoluer : c'est, au contraire, l'une de ses particularités ! Ainsi vous aimez aujourd'hui plus qu'hier mais moins que demain... Soyez donc prudents dans les « quantités » : il est des termes et des superlatifs au-delà desquels vous n'auriez plus rien à vous mettre sous la plume !

Bien que votre passion se moque de la mort, surtout tant que vous êtes jeune (à vous de décider si vous l'êtes !), la mort existe. Si vous souhaitez donc qu'elle intervienne dans votre déclaration, ce ne sera que pour mieux retrouver l'être cher, car il est hors de question que vous surviviez à une séparation (toujours « cruelle et injuste ») ; ce serait démentir le serment qui vous liait à tout jamais !

Mais une question évidente ne manquera pas de s'imposer à vous, insidieusement, vous plongeant dans une angoisse insupportable : vous aime-t-il ? Vous aime-t-elle ? Bien souvent une déclaration a valeur de « test » : il vous faut une réponse et votre appel doit donc transparaître dans votre poème. Jean Rousselot n'y va pas par quatre chemins, c'est le moins qu'on puisse dire :

Prends-moi par la main
Montre-moi tes chemins à toi
Même si tu ignores (mais eux le savent) où ils te mènent
Qu'au moins je puisse
Changer de clarté sinon d'embrasure.

Et comme Verlaine, persévérez, ne vous découragez pas si la réponse se fait attendre ou ne comble pas vos vœux :

Plongé dans ce bonheur suprême
De me dire encore et toujours
En dépit des mornes retours,
Que je vous aime, que je t'aime !

Enfin — les couples l'oublient malheureusement trop souvent — vous pouvez déclarer votre amour à tout âge ! N'est-il pas merveilleux, après quinze ou vingt ans de vie commune, d'écrire, comme André Breton :

J'ai trouvé le secret
De t'aimer
Toujours pour la première fois.

Ou bien, comme Louis Aragon :

Ô mon amour ô mon amour toi seule existe
A cette heure pour moi du crépuscule triste.

La déclaration

Rimes

L'utilisation du mot déclaration est déconseillée dans votre poème ; voici cependant, parmi les centaines possibles, les rimes riches éventuellement utilisables :

admiration, adoration, altération, aspiration, célébration, coloration, consécration, considération, coopération, décoration, déflagration, démonstration, embarcation, émigration, exagération, exploration, fulguration, inauguration, inspiration, libération, pondération, respiration, séparation, transfiguration, vénération, vibration.

Le désir

J'ai senti que quelque chose
changeait
dans mon sang
et que vers ma bouche montait,
que vers mes mains montait
une fleur
électrique,
la
fleur
affamée
et pure
du désir.

Pablo Neruda

Bien souvent votre désir apparaît à votre insu, et perturbe votre vie. Votre raison apparaît comme désarmée devant lui et les efforts pour lui résister demeurent d'autant plus vains que, le plus souvent, vous ne parvenez pas vraiment à discerner si vous appréciez ou non cette mise sous influence. Cette étrange emprise sur vos sens, venue d'un ailleurs qui parfois vous inquiète, harcèle littéralement votre inspiration. Profitez de ces moments privilégiés, ils sont propices à l'écriture. N'essayez pas de contrôler les mots ni les images qui vous viennent anarchiquement, notez tout ce qui arrive et ne tentez surtout pas, dans une première étape, d'établir une logique rassurante. Le désir passé, vous disposerez du temps et du calme nécessaires pour mettre de l'ordre et construirez alors votre poème avec toute la cohérence souhaitée.

Vous ne pourrez pratiquer cet « exercice » que pendant les occasions où le désir vous interpelle dans votre solitude. Le désir a cette terrible particularité d'intervenir, quel que soit le moment, que vous soyez ensemble ou séparés.

En solitaire ainsi, Germain Nouveau vit son désir avec un ravissement indéniable, sans toutefois parvenir à dissimuler une certaine nostalgie :

Et, depuis l'heure au ciel qui m'a fait vous aimant,
Un Désir solitaire et pâle comme un cygne
Sur un fleuve en moi nage avec enchantement.

Mais la nostalgie s'efface lorsque le désir se réalise, les sombres attentes disparaissent et les amoureux ne se souviennent alors que des moments heureux :

Dans l'espoir de cette heure où tout désir s'émousse,
Oublions la splendeur dure des jours trop longs,
Dans le désir et le regret de la nuit douce,
Par ces longs soirs d'été trop lumineux, allons...

Renée Vivien

Jean Richepin, lui, ressent le désir quand il tient par la main l'élue de son cœur :

Le désir

Nous nous tenions la main. Je sentais la piqûre
Du désir s'enfoncer dans mon cœur énervé
Et le désir croissait, de se voir observé.
Oh ! l'âpre volupté que le danger procure !

Le temps exerce une forte influence sur le désir que favorisent et alimentent le souvenir, l'attente et l'évocation de l'avenir ; Jean Anouilh soumet la durée de l'amour à celle du désir : *Si Dieu avait voulu que l'amour soit éternel (...) il se serait arrangé pour que les conditions du désir le demeurent.*

Si le désir puise en partie sa source dans l'attente, il supporte mal qu'elle se prolonge trop longtemps, comme Angèle Vannier l'éprouve amèrement :

La fatigue d'attendre a glacé mes désirs
Avec la faim la soif il fallait en finir.

Dans l'extrait suivant Guillaume Apollinaire exploite l'image de cette soif inextinguible de l'homme en proie avec le désir. Un désir qui s'accroît à mesure qu'il approche de son objet pour atteindre son paroxysme dès que cet objet est en vue.

Un homme a traversé le désert sans rien boire
Et parvient une nuit sur les bords de la mer
Il a plus soif encore à voir le flot amer
Cet homme est mon désir, la mer est ta victoire.

Comme vous le constatez, pour réussir à créer l'originalité poétique à partir de « clichés », il faut être doué d'un exceptionnel talent. A moins que vous ne vous classiez dans cette catégorie, utilisez avec beaucoup de prudence les allégories que votre inspiration puiserait dans les verbes habituellement accolés au désir : ronger, miner, dévorer, malgré leur caractère évocateur. Vous obtiendrez plus sûrement des résultats en laissant agir votre imagination... élément ô combien déterminant du désir. André Pujet parvient ainsi à séduire le lecteur par l'emploi original du verbe errer : *Tes mains voluptueuses où mon désir errant adore voyager.*

L'une des confusions à éviter naît souvent du rapport ambigu entre le plaisir et le désir, d'autant que pour ceux et celles qui affectionnent la poésie versifiée la tentation est grande de faire rimer les deux mots. Rivarol vous propose de subtiles précisions : *Le désir est à la passion ce que le plaisir est au bonheur ; mais le désir devient souvent passion et nul plaisir n'est encore devenu bonheur.*

D'ailleurs, votre beauté, madame, va s'en trouver raffermie, ravivée, aiguisée, comme vous le dit Sainte-Beuve :

Qu'a-t-elle ? Dites-moi ; fut-on jamais plus belle ?
Le désir la revêt d'une flamme nouvelle ;

Pour Marie-Catherine Hortense de Villedieu, désir et plaisir se voient ravivés par l'impatience :

J'aurais vu de l'amour la secrète puissance
S'opposer un moment à ton impatience
Afin que, cet obstacle embrasant nos désirs
Il augmentât ainsi malgré nous nos plaisirs...

Du plaisir Patrice de la Tour du Pin nourrit le désir :

Il faut laisser s'amonceler sous le désir
Les songes de jadis, son sourire, sa crainte,
Ses yeux dorés qui pleurent presque de plaisir,

Mais dans quelle mesure, parfois, le plaisir ne réside-t-il pas dans le désir lui-même ? Derrière le désir de l'autre ne se dissimule-t-il le désir de soi-même ? C'est sans doute en tentant de répondre à une question de ce genre qu'Andrée Vernay a écrit ces vers empreints d'une sincérité propre à troubler son lecteur :

Toi l'imparfait désir de moi-même...
Toi, pour qui je contrefais une joie que j'ignore...
O caprices insolents de ma fièvre !
Et le mépris s'insinue en moi pour essayer de te perdre.

Il arrive au désir de naître d'une brève rencontre ou même d'un regard. L'imagination prend alors le pouvoir dans votre esprit et vous n'avez plus qu'une envie : revoir celui ou celle qui vous a tant bouleversé(e), avec le fol espoir que cet émoi est partagé. *Revoir vos yeux. Depuis hier soir, je songe à vous, éperdument. Un désir insensé de vous revoir tout de suite, là, devant moi, est entré soudain dans mon cœur.* Guy de Maupassant.

Pour montrer l'intensité de son inclination Joachim du Bellay n'hésite pas à utiliser des comparaisons particulièrement persuasives :

J'ai de vous voir beaucoup plus grande envie,
Qu'un prisonnier de voir sa liberté,
Ni qu'un aveugle a de voir la clarté,
Ni qu'un mourant de se revoir en vie.
Amour le veut, mon désir m'y convie.

Exposer l'étendue de votre tourment, décrire votre torture, évoquer votre désespoir, sont autant d'arguments qui ne laisseront pas insensibles le ou la destinataire de votre poème. Mais n'exagérez pas trop, évitez de faire comme Marguerite de Navarre qui s'est laissé emporter par son lyrisme dans ses « Stances amoureuses » ; son appel y perd toute crédibilité :

J'ai un ciel de désir, un monde de tristesse,
Un univers de maux, mille feux de détresse,
Un Etna de sanglots et une mer de pleurs.

C'est volontairement que nous n'avons pas abordé l'aspect charnel : d'une part, il paraît bien difficile de préciser ses frontières dans tout désir, et d'autre part un traitement de cet aspect en dehors de tout contexte amoureux nous obligerait à aborder un aspect érotique qui n'a pas sa place dans cet ouvrage. Mais c'est aussi parce que tous les chapitres concernant le corps abordent implicitement le désir physique.

En lisant l'extrait suivant composé par une poétesse du XVIIIe siècle, Marie-Émilie de Montanclos, vous ne pourrez vous empêcher de sourire. Mais prêtez-lui toute votre attention, car il contient bon nombre d'éléments poétiques ayant trait au désir et vous y trouverez plus d'inspiration que vous ne l'auriez pensé à la première lecture. Pour le côté plaisant, précisons qu'il s'intitule « A mon époux » et que son auteur, en exergue, a précisé ainsi son objet : *Sur le désir que j'ai de renoncer aux douceurs conjugales, d'après les conseils d'un futur Directeur.*

Cher époux, il faut que j'aille
Aux bons Pères de Meudon :
Un vif souci me travaille ;
Oh ! oui, j'ai peur du démon.
Un péché trop agréable

Le désir

(Quoiqu'il ne soit pas fréquent)
Me rendra, dit-on, coupable
Envers l'Être tout-puissant.
... Que faire donc à ma place ?
Toujours j'appelle la grâce ;
Le plaisir seul me répond.
L'Amour, cet autre fripon,
Use de son avantage :
Dans ses mains est ton image,
Pour moi celle du bonheur.
De nouveau je me rengage
Sous les lois du suborneur ;
Et je lui donne pour gage :
Mes sens, mon âme et mon cœur.

Même si, comme Ronsard, vous ne parvenez pas à assouvir votre désir *(Vous avez tant appâté mon désir, / Que pour soûler ma faim et mon plaisir, / Cent fois le jour il faut que je vous voie,)* rassurez-vous, votre amour n'en est que plus grand, et il serait fort dommage que, pour vous en guérir, vous choisissiez d'entrer au couvent ou au monastère...

Rimes

Rimes riches :

déplaisir, dessaisir, gésir, plaisir, ressaisir, saisir.

Rimes suffisantes :

choisir, loisir, moisir, rosir, vizir.

Les fesses

Ma femme aux fesses de grès et d'amiante
Ma femme aux fesses de dos de cygne
Ma femme aux fesses de printemps.

André Breton

S'il y a autant de visages différents que d'individus sur la planète, il en est de même pour les fesses. Cette partie charnue du dos, commune à l'homme et à la femme, trouble, intrigue, séduit, captive, affriole, ensorcelle :

Chute de reins, chute du rêve enfantin d'être sage,
Fesses, trône adoré de l'impudeur,
Fesses, dont la blancheur divinise encor la rondeur,
Triomphe de la chair mieux que celui par le visage !

Verlaine

Vous avez, chacun et chacune, vos préférences et vos arguments pour expliquer votre choix. Que les fesses soient rondes ou plates, basses ou hautes, aucune ne laisse indifférent. Mais, peut-être plus que certaines autres parties du corps, les fesses exercent une fascination que justifie sans doute l' « interdit » longtemps attaché à leur évocation, mais aussi le fantasme inévitablement déclenché par la vue de ces deux rondeurs jumelles.

Verlaine établit un juste parallèle avec la poitrine :

Fesses, les grandes sœurs des seins vraiment, mais plus nature, / Plus bonhommes, sourieuses aussi, (...)

Robert Desnos, émerveillé, ne trouve pour les qualifier, qu'une comparaison « divine » :

Les fesses dévoilées, lumineuses, comme un corps de nymphe...

En toute logique la forme des fesses vous entraîne dans les comparaisons et les métaphores ayant trait à l'arrondi : courbe, courbure, croissant, voûte, arcades, coupole, dôme, galbe, vallon...

N'est-elle pas semblable au Monde
Pareille au globe entourée d'air,
Ta croupe terrestre aussi ronde
Que la montagne et que la mer ?

Germain Nouveau

Bien sûr, monsieur, vous donnerez libre cours à votre art divinatoire en cherchant à imaginer ce que cache la jupe moulante de votre partenaire, ou son ample robe, quand elle marche avec ce balancement si coquin qui n'a d'autre but que de vous « faire... marcher » :

Elle, pour dépêcher matière,
Laissant à part tout entregent

En trémoussant de la croupière,
Montrait les tours de son corps gent.

On pourrait traduire ainsi, librement, ces quatre vers de l'abbé Pierre Motin :

Elle, pour activer au mieux,
Délaissant toute politesse,
Se mit à gigoter des fesses,
Dévoilant son corps délicieux.

Vous pouvez aussi vous exclamer, comme Rimbaud :

Mais quelles fesses, voyez-vous !
Fesses magistrales, comtales, princières.

Pierre Jean Jouve parvient à évoquer avec grâce un postérieur probablement fessu, décrivant avec une noblesse certaine l'émotion érotique ressentie :

Vos fesses, mes chéries géantes ! vos argentées
Toisons sur vos replis fermés graves et longs
De poils élégamment tordus, et déroulées
Vos peaux cuivrées prenant le jour aux horizons !

Mais, attention ! un tel exercice de style est des plus périlleux.

Souvent la vue de ses fesses déclenche chez vous, monsieur, mais aussi chez vous, madame, un vif désir charnel. Ne le dissimulez pas, mais écrivez-le avec élégance. Voici deux extraits des poèmes érotiques de Verlaine (décidément un spécialiste de cette partie du corps), qui vous montreront le chemin :

Comment écrire un poème d'amour

Ces fesses, chair sublime, calme peau, pulpe fine,
Galbe puissamment pur, blanc riche, aux stries
d'azur,
(...)

Et ces fesses encor, telle une lune en deux
Quartiers, mystérieuse et joyeuse, où je veux
Dorénavant nicher mes rêves de poète
Et mon cœur de tendeur et mes rêves d'esthète !

Rimes

Rimes suffisantes : affaisse (éventuellement riche avec « la fesse »), confesse, professe

Rimes pauvres :

adresse, apparaisse, bassesse, cesse, délaisse, duchesse, faiblesse, grossesse, kermesse, laisse, largesse, mollesse, noblesse, paraisse, princesse, richesse, sagesse, souplesse.

Reportez-vous aussi aux rimes de « caresse »

Le front

Je nommerai ton front
J'en ferai un bûcher au sommet de tes sanglots
Paul Eluard

Sur votre front s'inscrit votre histoire : vos souffrances, vos joies, vos peines, votre bonheur. Derrière lui se dissimulent vos pensées, votre « capitale de la douleur » (Paul Eluard) et, malgré la dimension du sentiment que vous portez à l'être aimé, rien ne saurait en effacer les empreintes. Ce front, d'ailleurs, vous allez le trouver séduisant, quelle que soit l'expression qui s'y lise : *Ô Dieu ! que sur son front la tristesse a de charmes !* En comparant le front à un bûcher Eluard en fait un lieu où il exorcise la peine de celle qu'il aime et souhaite en détruire la moindre trace dans un immense feu purificateur. Mais, à l'opposé, du front peut aussi se dégager la sérénité : *Son front charmant semblait pétri d'un peu de ciel.* Germain Nouveau.

Si le front de l'être cher est lisse, reposant, calme, vous y lirez comme dans un livre ouvert :

Front apparent afin qu'on pût mieux lire
Les lois qu'amour voulut en lui écrire.

Maurice Scève

A l'inverse, Pierre Jean Jouve ne veut pas que s'inscrive « l'histoire » sur le front :

On y voit que l'histoire née d'un flot du pas à pas, ô toi qui muses,
toi qui cherches, à la hauteur de ce front droit n'est pas écrite et qu'elle ne s'écrira pas.

Fagus, plus sélectif, constate sur le front de son amante que tout ce qui est méprisable ne laisse pas de trace :

Mais ! ton front, la plus chaste ivoire,
Où rien de vil n'a rien tracé,
Est l'oasis où j'irai boire
Paix et lumière en tes pensées,

Vous pouvez, comme l'a fait ici le poète, comparer le front à un lieu particulièrement symbolique et y décrire des scènes traduisant le sentiment que le front de l'être aimé vous inspire. Ainsi de nombreux poètes n'ont pas hésité à évoquer une prairie (sur laquelle ils s'allongent), le désert (qu'ils parcourent), l'océan (où ils se noient)...

Après le ciel bleu c'est l'oiseau
Qui s'endort sur ton front

Jean Cayrol

Le front

Le front constitue la plus haute partie du corps, et donc la plus proche du ciel, les poètes n'ont pas manqué de profiter de cette « proximité » :

Ton front seul, aurore nouvelle,
Ton front sans nuage étincelle
Des feux de la divinité.

Malfilatre

Si le front de votre partenaire se présente sous un aspect peu flatteur, ou révélant un âge qu'il ou elle cherche soigneusement à dissimuler, évoquez sa chevelure, attachez-vous à décrire sa frange malicieuse ou ses mèches coquines, ou alors restez aussi énigmatique que l'est ici Robert Desnos :

De temps à autre sur ton front ténébreux et calme en dépit des apparitions nocturnes je remettrai en place une mèche de cheveux dérangée.

Sur son front vous lirez non seulement le passé et le présent de l'être que vous aimez, mais aussi son avenir et par conséquent le vôtre. Plutôt que de vous risquer dans la description hasardeuse de particularités, faites comme Paul Valéry, placez-vous dans l'intemporel, en attribuant au front un rôle mystico-poétique flatteur :

Ton front, qui cachait l'infini,
N'est plus qu'une claire vigie,
A qui pèse même le nid
Où l'œil perdu se réfugie !

N'oubliez pas que le fait de baisser le front marque la soumission, ce qui, en amour, ne constitue pas forcément un acte négatif. En posant votre front dans ses mains, vous vous en remettez totalement à lui ou à elle, vous acceptez et revendiquez le droit à votre dépendance. Par ce geste, vous témoignez, comme Victor Hugo, votre amour : *Puisque j'ai dans tes mains posé mon front pâli.* Poser le front sur la poitrine de l'être cher revêt, par contre, une signification sensiblement différente : il s'agit d'une recherche de protection, d'un désir d'être sécurisé, d'une aspiration au repos d'éventuels tourments.

Songez aussi que par un baiser sur le front vous marquez votre affection avec peut-être plus de persuasion que si vous le donnez sur la bouche. Monsieur, si l'élue de votre cœur appartient à la catégorie des femmes-enfants (et qu'elle s'y complaise), vous ne pourrez lui faire plus plaisir qu'en lui baisant le front. Quant à vous, madame, vous savez pertinemment que cet acte maternel ne laisse aucun homme indifférent. Si vous en doutiez, Verlaine est là pour vous le confirmer :

Ô la femme à l'amour câlin et réchauffant,
Douce, pensive et brune, et jamais étonnée,
Et qui parfois vous baise au front, comme un enfant !

Ainsi le front intervient sans cesse dans vos relations amoureuses, d'autant que c'est derrière lui, vous le ressentez intensément, que vos pensées se lient intimement à celles de l'être aimé :

Je vous aime, mon front, où bouillonne sans fin
Ma pensée à la sienne à jamais enchaînée

Marie Nizet

Le front

Et quand l'amour s'interrompt, le front devient parfois le symbole qui véhicule les conséquences de la séparation :

La voilà donc finie alors la course folle ?
Et tu n'appuieras plus jamais, sur ma poitrine,
Ton front inconsolé à mon cœur qui console.

Henry Bataille

Sachez enfin que si le front vient à rougir (le sien ou le vôtre), dites — et pourquoi ne pas l'écrire ? — qu'il ne saurait cacher que de bonnes pensées ou de bons sentiments :

(...) son front, siège de la candeur,
Annonce en rougissant les vertus de son cœur.

Rimes

Rimes riches :

affront, offrons, souffrons.

Rimes suffisantes :

(tout mot se terminant par -ron/-rons/-ront/-rond/romps/rompt précédé d'une voyelle ou d'une consonne autre que f)

aileron, aimeront, baron, biberon, bûcheron, ceinturon, clairon, conquerront, coron, corrompt, courront, environ, éperon, enquerront, fanfaron, fleuron, forgeron, forgeront, giron, interrompt, iront, juron, laideron, larron, liseron, marron, moucheron, mourront, mouron, patron, perron, plastron, poltron, prompt, requerront, rond, tâcheron, tiendront, tronc, verront, vigneron, voudront.

Les jambes

Tes jambes, deux hymnes ! stylites,
Fébriles, colonnes de gloire
Pour le sanctuaire où palpite
L'autre cœur, qu'on ne doit pas voir !

Fagus

Avant toute autre considération force nous est de constater que les jambes n'ont inspiré que les poètes, leurs consœurs ne semblant pas y attacher une grande importance. A vous, mesdames, de montrer s'il s'agit d'un tabou persistant encore de nos jours ou si les jambes de vos amants ne vous font « ni chaud ni froid »...

Dans l'extrait ci-dessus, Fagus ne cache pas sa passion pour les jambes et en expose, sans détour, les raisons.

Les jambes constituent l'un des « arguments » les plus convaincants de la séduction féminine : leur forme capte l'attention des hommes, mais, surtout, elles sont la partie du corps offrant le plus souvent sa nudité aux regards ou la dissimulant dans des lingeries suggestives qui alimentent les fantasmes masculins.

Et tandis que le vent passera sous la porte,
que la pendule usée sonnera mal,
tu mettras tes jambes aux parfums d'ivoire
dans leurs petits étuis noirs.

Francis Jammes

Pour chanter la beauté de la jambe, pensez, bien évidemment, à son apparence esthétique, mais aussi à la démarche ainsi qu'aux diverses attitudes qui les exposent.

Avec ses vêtements ondoyants et nacrés,
Même quand elle marche on croirait qu'elle danse,
comme ces longs serpents que les jongleurs sacrés
Au bout de leurs bâtons agitent en cadence.

Charles Baudelaire

Si votre partenaire a des jambes qui présentent certains défauts, ne prenez en considération que les éléments sans reproche : évoquez ainsi ses fines chevilles, ou ses mollets galbés, ou encore ses cuisses fuselées...

Les femmes entretiennent avec leurs jambes un véritable langage, parfois plus révélateur que leurs paroles. Quand vous en aurez appris les règles élémentaires, la vie de celle que vous chérissez n'aura plus, monsieur, aucun secret pour vous : vous découvrirez sans peine sa pudeur, ses désirs, son éducation, son orgueil, sa liberté, sa fatigue, son calme ou sa nervosité... Parfois, sur le visage de votre amante, une expression peut vous figer dans vos élans, mais un mouvement de ses cuisses ne manquera pas de trahir ses vrais sentiments. Paul Nougé le clame :

Ton regard, nette ingénue
Peut bien glacer les désirs
Haut, j'ai baisé ta cuisse nue
Brûlante humide de plaisir.

Qui n'a jamais reposé sa tête sur les genoux ou les cuisses de l'autre ? Vous, monsieur, dans un mouvement de tendresse, en quête de quelque réconfort, ou pour lui déclarer votre amour, n'appuyez-vous pas votre tête sur ses genoux accueillants ? Et vous, madame, après avoir écouté ses paroles rassurantes, n'éprouvez-vous pas l'envie de poser votre front sur les siens ?

Lorsque tes doux soupirs charment seuls mon oreille,
Ou que, te répétant les serments de la veille,
Je te jure à mon tour de n'adorer que toi ;
Lorsqu'enfin, plus heureux, ton front charmant repose
Sur mon genou tremblant qui lui sert de soutien,

Alphonse de Lamartine

Mais, sur vos genoux, vous pouvez aussi poser vos coudes pour contempler l'être cher et savourer votre bonheur.

Sur vos genoux des fleurs de rivage
La patience regarde le bonheur
La main dans la main comme le ciel et le jour.

Georges Schéhadé

Jean Cayrol va jusqu'au bout de ses sentiments en suivant les courbes de la hanche :

On irait jusqu'au bout d'un amour ;
fragile traversée, hissant la voile, le linge,
les couleurs,
barque pulpeuse, rames, suivant la rive d'une hanche,
jusqu'au creux d'ombre, le lisse chenal,
la détente,
à l'orée d'une huître.

La métaphore « jambe-colonne », très usitée par le passé, apparaît bien difficile à placer et vous est déconseillée ; de nos jours, vous n'empêcherez pas celui qui vous lira de penser à poteau, et cette lamentable comparaison risque fort de se révéler des plus blessantes. Si vous voulez éviter tout impair, ne manquez pas non plus de restituer dans leur époque les expressions employées par Baudelaire : vous atteindriez les limites de la crédibilité si vous écriviez, comme lui, *agile et noble avec sa jambe de statue.* Notez le judicieux emploi des deux adjectifs : ils ne prennent pas en considération les critères physiques, et ce genre d'habileté vous rendra de grands services. Dans l'extrait suivant, l'auteur des « Fleurs du mal » donne à nouveau ses lettres de noblesse aux jambes ; mais, au lieu de les décrire, il les « accuse » de sorcellerie, évoquant en fait leur pouvoir :

Tes nobles jambes, sous les volants qu'elles chassent,
Tourmentent les désirs obscurs et les agacent,
Comme deux sorcières qui font
Tourner un philtre noir dans un vase profond.

Les jambes

Patrice de la Tour du Pin va plus loin dans l'érotisme :

Ces jambes lisses et blanches qui se soulèvent
Pour contenir le flot de volupté qui vient.

Dans la sensualité des jambes interviennent la couleur de la peau et sa douceur sous la caresse. Si l'absence de poils constitue un élément essentiel en Occident, ce n'est pas le cas dans certaines sociétés traditionnelles, en Afrique noire par exemple, où la pilosité participe aux canons de la beauté féminine.

Subjugué par la beauté de ses jambes, il ne vous reste plus qu'à vous agenouiller pour témoigner votre admiration et vous soumettre à leur volonté. Vous écrirez peut-être alors, à la manière de Robert Desnos, une splendide déclaration d'amour : *c'est à vos genoux que je voudrais passer la nuit.*

Rimes

Rimes riches :

croc-en-jambe, enjambe.

Rimes suffisantes :

dithyrambe, flambe, ingambe.

Les mots rimant avec « jambe » étant très peu nombreux, voici quelques rimes pour « cuisse et « genou ».

Cuisse

Rime suffisante : puisse

Rimes pauvres :

bénéfice, édifice, finisse, jaunisse, jouisse, pénis, préjudice, sacrifice, tennis.

Genou

Rimes suffisantes (éventuellement riches pour les deux dernières) :

dénoue, noue, nous.

Rimes pauvres :

amadou, bagout, bambou, beaucoup, bijou, bout, cachou, cou, coud, coup, courroux, debout, déjoue, doux, fou, flou, floue, goût, hindou, houx, jaloux, joue, loue, loup, marabout, mou, pouls, remous, roue, roux, sou, sous, tabou, tout.

Les larmes

Quand nous souffrons fais-nous pleurer.
Lorsqu'on pleure on est presque heureux.
Amour tenace. Amour tremblant !

Léon-Paul Fargue

En amour, les larmes détiennent la particularité de n'être pas exclusivement réservées à la tristesse : elles marquent aussi les grands moments de bonheur, ces instants pendant lesquels l'on ne sait retenir ces effusions qui font, comme le disait Charles IX, *le plaisir des amants*. Mais vous devez tout d'abord établir le distinguo entre les larmes, les pleurs et les sanglots. Ainsi vous pleurez des larmes, mais pas des sanglots ; les larmes peuvent couler silencieusement alors que, même étouffés, les sanglots entraînent dans la respiration des spasmes aussi bruyants que caractéristiques. Les sanglots ne comportent pas systématiquement de larmes, mais l'inverse se produit fréquemment. Quant aux pleurs, ils se composent généralement des larmes et des cris, ou du moins ils ne sauraient être « répandus » en silence ; si l'emploi du mot « pleurs » reste faible, c'est que sa « charge » poétique est moindre que celle des larmes.

Jules Laforgue estime que les larmes sont indispensables à l'amour : *Homme ou femme, la preuve la plus forte que l'on puisse donner de son amour, ce sont de vraies larmes.*

André Frénaud oscille entre la joie et la tristesse et se sert des larmes « en réserve » pour chasser son tourment.

Gardé par vos yeux transparents,
le secret luit avec lenteur
très noir est le tourment.
Mais un grand ciel plein de larmes de joie
veille sous votre front.

Robert Desnos, juge lui que les larmes sont nécessaires à l'amour, même les imaginaires :

Ô douleurs de l'amour !
Comme vous m'êtes nécessaires et comme vous m'êtes chères.
Mes yeux qui se ferment sur des larmes imaginaires,
(...)

Bien que cela reste à prouver, il est entendu que les femmes pleurent davantage que les hommes. Mais, si l'on en croit Andrée Maillet, il s'agit d'un art cultivé : *Apprends à pleurer joliment, c'est un de nos précieux secrets, à nous, les femmes. On obtient ce que l'on veut des hommes avec de beaux yeux humides.* Les larmes deviennent donc selon les circonstances des signes, des témoignages, des symboles, des codes que « l'autre » doit savoir recevoir, comprendre, déchiffrer.

Un des premiers éléments qu'il vous faut déterminer, c'est le débit. Même dans les moments de... grandes crues restez dans les limites du possible : si les larmes ruissellent, le visage s'inonde, si elles coulent à flots, il se noie ; n'allez pas au-delà, vous éviterez de « sombrer » dans le ridicule. Le Blason de la larme de Maurice Scève prête à sourire et ne demeure touchant que parce qu'écrit au XVIe siècle :

Ô larme épaisse, ô compagne secrète,
Qui sais assez comment amour me traite,
Sors de mes yeux non pas à grands pleins seaux,
Mais bien descends à gros bruyants ruisseaux (...)

Pour exprimer l'ampleur, le poète libanais Georges Schéhadé a utilisé une comparaison dont l'originalité lui permet d'échapper à une exagération qui aurait annulé l'effet recherché :

Une nuit de belles larmes comme des troupes
Une nuit de poésie
Devant les carpes de la fontaine
Ma bouche dans vos larmes jusqu'au sel

En dehors de la notion « quantitative », ces quatre vers présentent quelques autres propriétés des larmes en poésie : nuit et silence privilégiés (*Je cherche la nuit et le silence pour pleurer,* écrit Corneille), identification à l'eau sous toutes ses manifestations, absorption de celles de l'être aimé (qui constitue un moment fort des relations amoureuses) et goût particulier.

On a beau changer de poison
Tous les breuvages s'édulcorent
Toutes les larmes s'évaporent

Aragon

Jules Supervielle augmente l'émotion dramatique en prêtant au silence les qualités d'une larme, lui conférant ainsi le pouvoir de contenir l'essentiel :

Elle n'est plus que du silence
Tremblant à la pointe d'un cil,
Son être tient dans une larme
Et voudrait que cela suffît.

L'état liquide de la larme vous amène tout naturellement à la pluie. Bien qu'il vous soit difficile d'écrire des vers plus simples et plus beaux que les fameux (de Verlaine) *Il pleure dans mon cœur / Comme il pleut sur la ville,* exploitez cette comparaison aux innombrables possibilités. Ronsard avait inversé la direction de la larme, la faisant remonter vers les cieux :

Si l'air est plein en sa voûte liquide,
Qui reçoit donc tant de pleurs de mes yeux,
Tant de soupirs, que je sanglote aux cieux,
Lors qu'à mon deuil Amour lâche la bride ?

L'image la plus commune pour symboliser l'amour étant celle du feu, il apparaît donc parfaitement logique que les larmes et les pleurs servent à éteindre les passions enflammées ou entraînent l'extinction des amours embrasés. Louise Labé, qui fut plus d'une fois dévorée par les flammes de l'amour, ne trouvait cependant pas toujours, dans les larmes de ses amants passés, de quoi éteindre le feu de ses dévorantes passions :

Par toi, Ami, tant vécus enflammée
Qu'en languissant par feu suis consumée,
Qui couve encore sous ma cendre embrasée,
Si ne la rends de tes pleurs apaisée.

Les larmes

Une larme coulant lentement sur la joue de la femme aimée rappelle invariablement la goutte de rosée qui perle sur une fleur :

Là de ton teint tu pâlissais les fleurs,
Et l'eau croissant du cristal de tes pleurs,
Sonnait tes cris, dont elle roulait pleine.

Ronsard

La tentation est toujours grande de lécher ou de boire une larme versée par amour pour vous ; grande aussi de l'assimiler aux sucs les plus rares, aux nectars les plus précieux, aux extraits les plus raffinés. Vous pourrez exprimer votre tendresse en essuyant une larme d'une caresse ou d'un baiser, à moins que vous n'imitiez Baudelaire qui avait découvert une manière géniale d'« effacer » ses sanglots : faire l'amour.

Pour engloutir mes sanglots apaisés
Rien ne me vaut l'abîme de ta couche ;
L'oubli puissant habite sur ta bouche,
Et le Léthé coule dans tes baisers.

L'œil qui va pleurer, qui pleure ou qui a pleuré, possède aussi ses charmes que vous ne sauriez ignorer ; Ronsard, qui a beaucoup pleuré, parvient, non sans mal, à créer une certaine originalité avec des mots plutôt éculés :

Et toi mon cœur d'un soupir larmoyant :
D'un beau cristal son front est rosoyant
Tu fais sortir de mes yeux deux fontaines.

Bien que laborieux, ces trois vers ont l'avantage de vous montrer une possibilité de sortir des stéréotypes. Avec les mots « larmoyant » et « cristal » que le poète a reliés à « soupir » et à « front », et non, comme on pouvait s'y attendre, à « larme », il surprend le lecteur tout en le laissant sur un terrain connu. N'hésitez pas à vous essayer à ce jeu, utilisez des mots ayant une analogie avec les pleurs, les larmes et les sanglots et attribuez-les à des « choses » qui n'ont pas l'habitude de pleurer.

Francis Jammes en évoquant le mariage parvient même à faire pleurer l'église :

Lorsque l'on jouera de l'orgue pour nous seuls
dans l'église,
elle aura des gouttes d'azur sous les cils,
des larmes de bienheureuse.

Combien de cœurs furent blessés par les sanglots d'un violon après la lecture des premiers vers de la « chanson d'automne » de Verlaine, rendus universellement célèbres par leur utilisation en message codé pour annoncer le débarquement des forces alliées sur les plages de Normandie pendant la Seconde Guerre mondiale :

Les sanglots longs
Des violons
De l'automne
Blessent mon cœur
D'une langueur
Monotone.

Le poids des larmes ne dépend pas de leurs dimensions, mais des raisons de leur venue et du lieu où elles s'épanchent. Ainsi, pour Louis Aragon,

Les larmes qu'on retient sont lourdes et petites
Elles tombaient l'une après l'autre sur mes mains.

alors que, pour Lawrence Durrell :

Les larmes pèsent peu dans la main;
Les larmes pèsent moins dans l'œil que les graines
Secouées par les grappes en fleurs
Sur l'arbre sentencieux du temps.

Par ailleurs, vous pouvez qualifier les larmes en utilisant leur cause : larmes de plaisir ou de joie, de jalousie ou de rage, de dépit ou de honte... Dans son poème intitulé « Volupté », Germain Nouveau prend à partie le plaisir et l'accuse de tous les maux :

Jusqu'à la voix qui vibre au gosier des chanteurs,
Jusqu'au trésor de pleurs qui tremble au cœur des femmes,
Tu fais passer sur tout tes souffles destructeurs.

Songez aussi, comme pour bien d'autres sujets en poésie, à personnifier les larmes qui peuvent se révéler sages, attendries, amoureuses, sincères, tristes, folles...

A la lecture de ce chapitre vous constatez que les larmes chantées par les poètes sont le plus souvent un « privilège » féminin. Cela tient sans doute au fait que les femmes, à la différence des hommes, ne se cachent pas pour pleurer; mais notre civilisation « mâle » y est sûrement pour beaucoup : les femmes, ne pouvant que rarement prendre la parole, surtout par le passé, ont usé et usent encore de l'artifice des larmes comme d'un véritable S.O.S., que les hommes, d'ailleurs, ont souvent bien du mal à décoder. Mais les hommes aussi pleurent, vous le savez, mesdames, et vous y êtes particulièrement sensibles... Alors, écrivez-le, aucun mâle ne vous en voudra, même si son for intérieur l'oblige, le plus bêtement du monde, à commencer par sourire.

Pour terminer ce chapitre, on ne peut que citer la plus belle définition ou « formule » des larmes, celle donnée par Lawrence Durrell : *Je pleure donc je suis.*

Rimes

Rime riche : alarme

Rimes suffisantes :

arme, carme, charme, désarme, gendarme, parme, vacarme.

Pleurs

Rime riche : ampleur

Rimes suffisantes :

bateleur, cajoleur, cambrioleur, chaleur, ciseleur, couleur, douleur, enjôleur, ensorceleur, frôleur, hurleur, malheur, meilleur, miauleur, pâleur, recéleur, roucouleur, valeur, violeur, voleur.

Sanglots

Rimes pauvres :

clos, clôt, complot, culot, déclôt, éclos, enclos, enclôt, falot, flot, grelot, hublot, huis clos, îlot, javelot, lot, matelot, ocelot, tableau.

La main

En écartant quelques brins d'herbe
Tes mains découvrent le soleil
Et lui font de nouveaux berceaux.

Paul Eluard

« Jeux de mains jeux de vilains » dit le proverbe populaire. Avec les mains, il est vrai, tout est possible... Il n'existe pas d'amoureux qui ne se soient promenés la main dans la main ni qui ne se soient arrêtés pour lire dans chacune d'elles. *Tous les garçons et les filles de mon âge... et la main dans la main... ils s'en vont amoureux sans peur du lendemain.* Se tenir par la main est un geste dont la signification évolue avec l'âge des acteurs : adolescents, on vous trouve mignons, à l'âge mûr, on vous qualifie d'amoureux, plus âgés, vous devenez attendrissants. Pour deux amoureux, se lire les lignes de la main équivaut au « serment du jeu de paume »; c'est une manière déguisée de s'annoncer un avenir prometteur, de quantifier la progéniture souhaitée, de « vérifier » la durée de la vie comme la solidité de l'amour ; ce faisant, on se persuade aisément qu'il n'existe pas de vérité plus objective, puisqu'il ne s'agit ni de projections, ni d'interprétations, mais simplement de la « lecture » d'un écrit dont l'être humain ne peut être à l'origine.

Il circule un printemps mystique dans les veines
Où court la violette, où le bluet sourit;
Aux lignes de la paume ont dormi les verveines;
Les mains disent aux yeux les secrets de l'esprit.

Germain Nouveau

La main, outil premier et privilégié du toucher, permet (littéralement) le contact avec quelqu'un ou quelque chose et transmet les sensations éprouvées lors de l'attouchement ; son pouvoir caressant se trouve évoqué très souvent par les poètes, comme ici dans ces quelques vers d'André Puget :

(...) tes mains voluptueuses
où mon désir errant adore voyager
Elles tiennent sur moi leur nuit close et soyeuse,
(...)
Elles s'ouvrent, se plient et s'étendent et font
Suivant qu'elles appuient ou traînent leurs caresses
Mon angoisse plus lourde et mon cœur plus profond.

Lorsque les mains caressent, vous pouvez leur attribuer tous les qualificatifs et toutes les comparaisons que vous proposera votre fertile imagination : en voici trois exemples :

La main

Je baignerai mes mains folâtres
Dans les ondes de tes cheveux.

Théophile de Viau

Fille aux mains actives
Comme l'eau de la source.

Paul Eluard

Un jour partira donc ta main apprivoisée.

Henry Bataille

Avant l'acte suprême dans le théâtre des corps, les mains jouent le premier rôle : elles déshabillent et parfois, comme André Chénier, sans prendre de gant (nous reviendrons sur ce dernier mot) :

Robe, lin, ces gardiens de tes charmes si beaux,
Sous mes fougueuses mains voleront en lambeaux.

Les mains sont fascinantes et, si vous souhaitez les décrire, sachez que c'est aussi difficile que de les dessiner. Vous pouvez puiser votre inspiration dans des vocabulaires spécialisés qui fourmillent de termes étonnants pour désigner chaque partie de la main ; la chiromancie chinoise se montre particulièrement inventive : palais du vent, du ciel, de la montagne ou du coup de foudre, salle d'audience ou de clarté, bracelet de jade, vallée vide, aiguilles-volantes, colonne-céleste, corps-dressé ; les doigts s'assimilent au dragon et la paume au tigre ; l'index se dénomme l'hôte et l'annulaire l'invité...

En partant de ce principe, essayez d'inventer votre lexique en choisissant des noms qui ont un lien entre eux et désignent les parties d'un tout.

Comme deux cygnes blancs l'un vers l'autre nageant,

Deux voiles sur la mer fondant leurs pâleurs mates,
Livrez vos mains à l'eau dans les bassins d'argent.
Germain Nouveau

Soyez imaginatif mais pas téméraire : Pierre-Paul Périn, par exemple, a eu « la main lourde » lorsqu'il écrivit :

Ma main avait le droit
ma main comme le reste
de prendre tes donjons tes beffrois
et l'Everest.

Les veines et les vaisseaux vous apportent un élément de couleur assez limité, mais leur fonction capitale pour la vie et donc pour l'amour — ramener le sang au cœur — autorise certaines métaphores intéressantes ; Supervielle ne s'en est pas privé :

Ces veines, bleus ruisseaux ne faisant pas de bruit,
Je les veux suivre au bout de leur grande aventure
Qui va du poignet mince au fond des doigts subtils,
Toujours sous le regard perdu de la nature.

André Puget, dans le poème cité plus haut, se sent, grâce aux mains, *soulevé au gré de leur tendresse,* avant de rendre hommage aux ongles :

Tes ongles doux et frais, minces et lumineux,
Écrasent leurs morsures, éclairs précieux,
Et me marquent à toi, ma Reine et ma Maîtresse.

Vous constatez aisément que le poète est nettement moins « bon » en évoquant cette partie de la main, mais avouez à sa décharge que, lorsque vous aurez dit que ses ongles sont lisses et longs (s'ils sont courts et rugueux, abstenez-vous), vous ne pourrez plus guère vous rabattre que sur leur utilisation et vous, monsieur, sur leur couleur ; celle-ci couvre aujourd'hui toutes les teintes de la palette, mais vous gagnerez à user de métaphores pour améliorer l'effet : pétale de sang, éclat de rose, tache de lune ne sont que quelques exemples. Pour ce qui est de l'utilisation des mains, laissez déborder votre imagination, sans aller peut-être jusqu'à ces vers (pour le moins discutables) du poète Fagus :

(...) je veux prolonger
Mes ongles, comme des antennes,
Au long desquels vont s'échanger
A travers nos nerfs qui s'imprègnent
Les magnétismes du bonheur...

Il existe un grand nombre d'expressions stéréotypées se rapportant aux mains : avouer que votre main tremble quand elle prend celle du partenaire, se frotter les mains quand le bonheur vous envahit, se tordre les mains quand s'abat sur vous le malheur... Mais, au lieu d'éliminer ces clichés, sachez les utiliser en les modifiant et en créant ainsi l'effet : soyez pris ou prise la main dans le cœur, levez la main et dites je t'aime, attaquez à main aimée ; dans le jeu de l'amour et du hasard, vous avez toujours la main, vous ne la cédez, ne la donnez, ne la passez à aucun prix, vous composez un amour à quatre mains ; ne parlez pas avec les mains, mais balbutiez, chuchotez, murmurez ou faites-les taire pour qu'elles perdent la parole, deviennent silencieuses, muettes ; et si vous aimez le football, ne commettez pas une faute de main dans la surface de séparation !

L'image des doigts mélomanes peut paraître usée, mais elle demeure belle et permet une grande variété de présentations : *Croupes félines aux sillons desquelles mes doigts musiciens montent rythmiquement comme sur les cordes d'une lyre.*

Pierre Jean Jouve

C'est après avoir demandé et obtenu la main que l'on passe au doigt l'anneau nuptial qui lie les amoureux pour le meilleur et pour le pire ; les mains servent à rapprocher et constituent l'outil idéal de toutes les réconciliations, comme en témoigne Paul Eluard :

Tes mains lieuses
Peuvent unir lumière et cendre
Mer et montagne plaine et branches
Mâle et femelle neige et fièvre.

Les doigts parfois trahissent la main : vous tenez votre vie et celle de votre amour à pleines mains et pourtant le temps peut fort bien s'en échapper :

Le ciel se décolore ; et c'est un charme unique,
Cette fuite du temps, il semble, entre nos doigts.

Albert Samain

Enfin, au cas où les mains de l'être aimé seraient laides, calleuses, noueuses, aux doigts gourds, boudinés ou palmés, il vous reste deux recours : les bijoux et les gants (les mitaines redeviennent à la mode) dont le pouvoir érotique n'est plus à démontrer. Mais avec de l'humour et beaucoup de tendresse, tout demeure possible, comme le prouve le poète belge Michel Peyskens :

La main

La main calleuse et brune
en caressant un sein
savait de quel froment
le pain était moulé

Rimes :

Rimes suffisantes (pouvant devenir riches selon la voyelle qui précédera le mot « main ») :

après-demain, baisemain, benjamin, carmin, chemin, cumin, demain, examen, gamin, gallo-romain, germain, humain, inhumain, jasmin, lendemain, maint, parchemin, romain, sous-main, tournemain (en un).

Les rimes suivantes pourront être utiles avec les mots doigt et ongle :

coudoie, doit, ondoie, redoit, rudoie, soudoie, suédois, verdoie.

jongle, jungle (dans l'une de ses deux prononciations).

Les odeurs

Dans ton parfum et dans ton jour,
N'entre-t-elle pas mon âme ivre
En plein, au plein de ton amour.

Germain Nouveau

Pensez-vous, comme Diderot, que *l'odorat est le sens le plus voluptueux ?* Dans l'affirmative, n'hésitez pas à évoquer dans vos poèmes ce plaisir de sentir les fragrances de l'autre, dont dépend parfois votre désir.

Le mot « odeur », employé pour le corps humain, a une connotation négative que son sens « propre » ne justifie pas. Vous préférerez donc ses analogies : parfum, senteur, arôme, fragrance, et délaisserez effluve, exhalaison, bouquet, fumet. Pour les verbes conseillés, le choix est restreint : sentir, émaner, embaumer, exhaler, parfumer.

Même si vous partagez la maxime de Plaute, *la femme qui a le meilleur parfum est celle qui n'est pas parfumée,* maxime qui concerne aussi l'homme, il est bien difficile de nos jours, avec l'utilisation intensive des déodorants, après-rasage et autres eaux de toilette, de distinguer l'odeur naturelle du corps que vous aimez. De nos jours, mais également dans les siècles passés où, moins ils se lavaient plus les gens dits de qualité se parfumaient ; leur naturel devait à coup sûr s'enfuir au galop !

D'autre part, les parfums artificiels réagissent différemment selon la peau de chaque individu, et il existe donc autant d'odeurs différentes que d'hommes et de femmes sur la planète. Quand ils chantent les senteurs de l'être aimé, les poètes séparent rarement l'odeur naturelle des parfums artificiels, nous en ferons de même dans ce chapitre.

Commencez par montrer que vous avez remarqué son odeur, en insistant sur l'émotion qu'elle vous cause, sur la joie que vous ressentez quand vous la respirez, éventuellement sur le « tourment » qu'elle suscite en vous.

Je respire l'odeur de ton sein chaleureux,
Je vois se dérouler des rivages heureux
Qu'éblouissent les feux d'un soleil monotone ;

Charles Baudelaire

Un parfum peut recevoir tous les qualificatifs, mais, pour affirmer votre originalité, évitez au maximum ceux qui lui sont habituellement attribués, à savoir : capiteux, doux, exquis, fin, léger, miellé (parfum), mielleux (odeur), musqué, envoûtant, captivant, enivrant, suave, subtil, pénétrant, paradisiaque, poivré... Si vous n'y parvenez pas, comparez son odeur aux senteurs de la nature, celles des fruits et des fleurs bien sûr, mais aussi celles d'un champ de blé fauché après la pluie, celles de fleurs de printemps, celles des feuilles mortes de l'automne, celles des nuits estivales sur les plages océanes... mais ne vous privez pas de toute association originale :

Cette femme au matin
dans l'odeur de marché de rosée et de fruits

Guy Chambelland

Certains parfums, plus que d'autres, invitent au voyage, leurs accents exotiques les investissant d'un pouvoir évocateur qui vous entraîne dans des régions, des pays ou des mondes le plus souvent imaginaires et paradisiaques. *Guidé par ton odeur vers de charmants climats* (Baudelaire). N'hésitez pas, allez-y ! Délirez ! Cultivez votre vision de cet ailleurs, décrivez-le, comme Baudelaire encore :

La langoureuse Asie et la brûlante Afrique
Font un monde lointain, absent, presque défunt,
Vit dans tes profondeurs, forêt aromatique !
Comme d'autres esprits voguent sur la musique,
Le mien, ô mon amour ! nage sur ton parfum.

L'odeur de celui ou celle que vous aimez vous fascine, vous poursuit, vous obsède, agit sur vous comme une drogue :

Ton odeur de rainette sure
filtrant à travers l'auréole
du parfum opiacé
épais poison qui m'épuise
cette coulée opaque
dans mon sang.

Bénie Deswarte

Quand, après une nuit d'amour, le matin vous sépare, quel plaisir de baigner dans son odeur même si la mélancolie alourdit l'ambiance :

Ah ! l'injuste matin, plus lourd que la soirée !
Ton odeur ne s'est pas de mes mains retirée.

Henry de Montherlant

Votre « nid d'amour » en est tout embaumé :

La chambre est pleine d'odeurs
oublieuses de leurs fleurs natales

Alain Borne

Ou bien vous plongez dans la détresse, tout vous abandonne et vous n'avez plus la compagnie de son odeur : *Il est parti son odeur n'est plus une amie.*

Marie-Christine Brière.

Un parfum détient cette particularité, parfois dangereuse, d'imprégner non seulement celui ou celle qui le porte, mais aussi tout ce qui l'environne. Possédé par les senteurs de sa bien-aimée, le poète Hafiz va, comme un animal, la suivre à la trace : *Et je respirai l'odeur des sentiers que tu foules.*

Les parfums possèdent une telle influence sur la vie amoureuse qu'il leur arrive fréquemment d'être responsables du déchirement d'un couple. Méfiez-vous, un parfum peut en cacher un autre ! Ne vous est-il jamais arrivé de sentir sur l'être que vous aimez les effluves inquiétants d'un parfum inconnu ? Votre esprit ne s'est-il pas mis instantanément à galoper vers les sombres régions dévastatrices de la jalousie ? Pour éviter tout incident, combien d'hommes (sauf le vôtre, madame, ne vous inquiétez pas) offrent à leur maîtresse le même parfum que celui de leur épouse.

Bien que toutes les parties du corps soient susceptibles d'exhaler de séduisantes odeurs, certaines apparaissent privilégiées, les cheveux en particulier :

Ne tremblez pas ; je veux effleurer vos cheveux,
Les sentir et ne plus les sentir qu'en pensée,
Et puis les ressentir encore à la nausée,
Et puis garder le long des jours tout leur parfum...

Patrice de la Tour du Pin

Baudelaire fut souvent, lui aussi, envoûté par le parfum des cheveux, mais il ne s'arrêtait pas là, et appréciait descendre en d'autres lieux :

Dans tes jupons remplis de ton parfum
Ensevelir ma tête endolorie.

Le parfum de sa compagne perturbe les rêves curieux d'Ernst Moerman :

Pendant qu'elle dort et rêve à d'autres,
(les autres sont moi, très souvent),
son parfum la nuit parfois se lève
et vient me troubler.

Mais le corps n'est pas le seul à produire une odeur ; de l'âme, du cœur, des baisers émanent aussi des parfums qui vous grisent. Et peut-être comme Leconte de Lisle, quand vous ne les sentez plus, c'est toute la nature qui vous apparaît inodore :

Ô Leïlah ! depuis que de leur vol léger
Tous les baisers ont fui de ta lèvre si douce,

Comment écrire un poème d'amour

Il n'est plus de parfum dans le pâle oranger,
Plus de céleste arôme aux roses dans leur mousse.

Les grands parfumeurs ont toujours fait preuve d'un certain talent poétique en baptisant leurs parfums : Magie Noire, Bleu Marine, Drakkar, Coup de foudre, Anthaeus, Turbulences, Brut, Opium, Guépard, L'Air du temps, Eau Sauvage, Bagatelle, Savane, Fidji... Amusez-vous à puiser votre inspiration dans le nom évocateur du parfum de votre unique amour.

Rimes

Rimes riches :

fraudeur, maraudeur, rôdeur.

Rimes suffisantes :

ambassadeur, ardeur, blondeur, candeur, décideur, défendeur, demandeur, froideur, frondeur, gambadeur, grandeur, hideur, impudeur, laideur, lourdeur, plaideur, profondeur, pudeur, quémandeur, raideur, rondeur, splendeur, tiédeur.

Parfum

Rimes suffisantes : défunt

Rimes pauvres :

alun, aucun, brun, chacun, commun, embrun, emprunt, importun, inopportun, jeun (à), opportun, quelqu'un, tribun.

La peau

On n'est pas seul dans sa peau

Henri Michaux

L'expression populaire « avoir quelqu'un dans la peau » traduit parfaitement le rapport de l'amour et de la peau. Pour ne plus quitter l'être aimé, n'avez-vous jamais songé à « entrer » dans sa peau ? Temple de la volupté, la peau, c'est « l'empire des sens ». Chaque fois que vous voyez celui ou celle que vous aimez, vous ne parvenez pas à contrôler une réaction épidermique. Tout ce qui vient de votre partenaire est susceptible de hérisser votre peau, de vous provoquer la « chair de poule » : ses caresses vous brûlent la peau, des frissons la parcourent quand vous entendez ses mots d'amour, elle frémit au contact de ses lèvres,

Souris ! Par le chemin léger de ton haleine
Un ange s'est blotti sous ta peau de baiser.

Saint-Pol Roux

Joyce Mansour chante à sa façon l'étreinte amoureuse et tourne en dérision le stéréotype du « feu » de l'amour en qualifiant curieusement la peau :

Nous vivions rivés aux plus basses profondeurs de la nuit
Nos peaux séchées par la fumée des passions
Nous tournions autour du pôle lucide de l'insomnie

Si la peau, enveloppe du corps, reflète la beauté esthétique, elle traduit aussi, bien souvent, les qualités du cœur, de l'esprit, voire de l'âme. En voyant sa peau, vous apprenez l'âge, la santé mais aussi le degré d'épanouissement de l'être que vous aimez, vous apprenez son bonheur... et donc le vôtre. Mais, comme Gisèle Prassinos, vous aurez peut-être des surprises si vous ne vous arrêtez qu'à cette apparence charnelle, car elle peut dissimuler un « intérieur » moins flatteur :

Sa peau fragile semble être le siège unique de sa vie.
Car l'intérieur n'est que nuit et sécheresse.

La peau revêt une apparence et une consistance variables selon la partie du corps qu'elle recouvre : à vous d'éventuellement choisir le lieu de votre préférence.

Elle sourit, disant en cette sorte
J'ai tambourin joli dont toujours j'use
Frappez dessus, la peau est assez forte.

Chanson populaire du XVIe siècle

Soyez donc très prudent(e) lorsque vous évoquez la peau, car, d'une manière générale, les hommes et les femmes sont rarement satisfaits de la leur. Ils consacrent beaucoup de temps et d'argent à la scruter, à la bichonner, à la soigner. Et vous ne faites sûrement pas exception. C'est que la peau vous « représente », jouant en quelque sorte, dans les rapports avec autrui, le rôle de carte de visite. Malgré tout, ne perdez pas de vue le proverbe « l'habit ne fait pas le moine ». Et dans le doute, soyez plutôt métaphysique, à la manière de Pierre Dalle Nogare :

La peau de l'Homme
Est l'envers
De la parole

Le contact avec la peau de l'autre ne vous amènera pas forcément à le connaître mieux :

Mes deux aveugles mains qui ne rencontrent pas
Ta vérité sous l'épiderme de ta face,

Doëtte Angliviel

Et pourtant la plupart des amoureux restent persuadés du contraire : vous pouvez donc jouer là-dessus.

Il n'y a pas de plus fin, de plus riche, de plus beau tissu que la peau d'une jolie femme, écrivait Anatole France. Toujours comparée aux tissus précieux (à juste raison d'ailleurs) la peau accepte ainsi les mêmes qualificatifs : satinée, veloutée, duvetée, soyeuse, lustrée, luisante. Il en est de même pour les connotations négatives : fripée, usée, chiffonnée, mitée, râpée... Essayez de ne pas tomber dans le piège de la « peau de pêche » ni dans celui de la douceur de sa peau vous rappelant celle d'un « pétale de rose fraîchement éclose » : osez d'autres fruits et d'autres fleurs.

Naturellement votre peau entre en contact avec tous les éléments de la nature et peut se sentir caressée ou agressée par la pluie, le vent, la neige... Vous apprécierez ou non, selon les circonstances : si vous subissez une averse en allant au travail, votre réaction ne sera pas la même que si vous recevez ce « don du ciel » après une journée passée au soleil sur la plage avec l'amour de votre vie !

Vent sur ma peau, gifle ou caresse,
Air aspiré à gorge ouverte,
Songes happés à pleins poumons,

Marie-Jeanne Durry

N'hésitez pas à exploiter ce qu'il ou elle considère comme un défaut, les vergetures par exemple, que vous rebaptiserez marbrures, guipures, zébrures. De même, pensez au grain de beauté et au tatouage (dans l'éventualité de leur présence, bien évidemment), car ils permettront de relancer facilement une inspiration éventuellement défaillante.

Si l'amour a le don de vous faire changer de peau, évitez de tomber dans l'excès au point de devenir, selon l'expression de Giraudoux, *un pauvre serpent qui collectionnait toutes ses peaux*. Toutefois l'idée de la mue constitue une bonne base d'inspiration, à partir de laquelle vous pourrez composer un poème plein de charme et d'humour. Gisèle Prassinos parvient, pour sa part, à intriguer et à faire sourire tout en conservant une gravité certaine :

Admire un peu un objet
Que j'ai confectionné avec ma peau et mon corps
engourdi.

Songez aussi à décrire une image qui ne peut manquer de s'être gravée à tout jamais dans votre mémoire et où « vos » peaux tenaient le premier rôle. Par exemple celle de vos deux corps enlacés, peau contre peau, dans l'intimité amoureuse d'une nuit transpercée par les éclairs de l'orage ou par les dernières lueurs de la lune, par les premiers rayons du soleil, ou tout simplement par la douce lumière d'une lampe de chevet.

Le jeu simule une treille
Tout autour de la peau qui luit
Tout au long de la peau complice
Feuilles rouillées feuilles mortes
Sous la chute des soupirs.

André Pieyre de Mandiargues

Le jeu de la lumière sur la peau est sans limite, aucun épiderme ne réagissant de la même façon : plus la peau sera brune plus elle accrochera la lumière ; à l'inverse la blanche gardera son aspect mat. Rien n'est plus fascinant qu'une peau noire dans un tourbillon d'ombres et de lumières. Ne serait-ce pas pour rechercher les atouts de cette séduction, que les femmes occidentales se sentent capables d'endurer les pires brûlures du soleil ? Un labeur bien astreignant pour quelques semaines de « négritude » passagère ? Et pourquoi donc, en général, les hommes (d'Occident eux aussi) trouvent-ils leurs bien-aimées plus séduisantes quand leur peau est plus sombre ? Fantasmes d'un ailleurs ? Exotisme imaginaire ? Mais on peut tout autant s'interroger sur l'exotisme inversé des femmes africaines, qui au moyen de dangereux produits blanchissants, tentent d'éclaircir à tout prix leur épiderme.

Comment écrire un poème d'amour

Je t'aime pour ta peau brune,
Et la sombreur arrondie de tes seins ;
Je t'aime pour la tristesse qui brise ta voix
Et les ombres où reposent tes paupières capricieuses.

Gwendolyn Bennet

La peau humaine sépare le monde en deux espaces.
Côté couleurs, côtés douleurs...

Paul Valéry

L'amour n'a pas de frontières, c'est bien connu, et donc pas de couleur ; ayez donc la peau de l'amour...

Rimes

Rimes suffisantes (éventuellement riches selon la voyelle qui précédera le mot « peau ») :

chapeau, copeau, crapaud, dispos, drapeau, impôt, oripeau, papaux, pot, propos, repos, suppôt, tripot.

Les pieds

Tes pieds sont beaux comme un ourlet de vague
tu dors sur la grève des reins purs
ô corps pris dans sa vigne rouge

Claudine Chonez

Vous faites souvent des « pieds et des mains » pour séduire et, quand vous aimez, c'est « des pieds à la tête ». Si de nos jours, en Occident, cette partie du corps paraît un peu délaissée, réservée aux expressions populaires et aux jeux de mots plus ou moins douteux (le plus actuel, « prendre son pied », étant à bannir de votre vocabulaire poétique), elle a constitué longtemps un atout de la séduction féminine.

Les pieds et les orteils (féminins comme masculins) demeurent dans certaines régions du monde, en particulier au Moyen-Orient et en Orient, l'un des lieux privilégiés du corps dans les jeux érotiques de l'amour.

Avouez d'ailleurs que vous n'êtes pas insensible à la beauté de son pied nu :

Je te reconnaîtrai quand tu viendras pieds nus
sur les sentiers brûlants d'odeurs et de soleil

les cheveux ruisselants sur tes épaules nues
et les seins ombragés des palmes du sommeil.

Claude Roy

Ne sont-ils pas indispensables, ces pieds, pour marcher dans le même sens que celui de l'être aimé, pour courir à sa rencontre. Rendez-leur hommage, mettez au moins un pied… dans le paradis, et sachez que, même lorsque l'âge se fait plus lourd à porter sur vos épaules plus faibles,

Aujourd'hui encore, après ce temps passé ensemble, après ce long chemin dans la vie, persiste la beauté juste de tes pieds en marche à mes côtés.

Gabriel Cousin

Ses pieds, c'est aussi le bruit de son pas que vous reconnaissez parmi tous les autres, que vous guettez lorsque vous l'attendez, qui battent le sol et qui martèlent votre cœur :

Oh ! c'est toi ! Je t'attends, ô ma belle Romaine.
Chez toi, dans cet asile où le soir nous ramène,
Seul je mourais d'attendre et tu ne venais pas.
Mon cœur en palpitant a reconnu tes pas.

André Chénier

De ses pas s'élèvent *ce murmure d'amour* (Félix d'Arvers), qui vous y attache, qui vous oblige à revenir, à retourner, à marcher sur eux, à parfois ne plus aimer que leur bruit :

Dans les sentiers feuillus
Ou le long des rivages

Je n'aime plus qu'entendre
Ton pas auprès du mien.

Marcel Béalu

Vous pouvez « entendre » ses pas ou ressentir leur présence dans tout ce qui vous entoure et témoigne de votre amour, jusque sur votre corps :

Le reflet du ciel baigne en les flots qui s'enlacent :
Mets ta robe et tes pas sur mon front lorsqu'ils passent
Et ma prière aura l'azur de ta fraîcheur.

Lucien Rolmer

Regardez donc soigneusement où vous mettez vos pas, car vous ne savez pas toujours sur quoi vous posez les pieds :

J'ai étendu mes rêves sous vos pas ;
Marchez doucement, car vous marchez sur mes rêves.

W. B. Yeats

N'oubliez pas non plus que les pas laissent des traces, des empreintes, des marques... témoins du passage de l'être aimé : *Je cherchais en pleurant les traces de vos pas* (Racine). Et si, perdu dans l'immensité de votre amour, vous craignez de perdre la trace de l'être aimé, faites appel aux « lumières » de la nature :

Et l'écume lumineuse comme un cierge sur le sable obscur,
Et les étoiles qui montent au ciel d'où tombe la rosée,
N'existent que pour éclairer vos pas errants.

W. B. Yeats

Vous devrez souvent vous montrer perspicace, car il n'est pas toujours évident de distinguer les pas de votre amour parmi ceux des éléments en « marche » :

O le vrai cri de mon secours ! Aux pas de feutre de la pluie
Aux pas de larmes du soleil, aux pas dévastateurs du vent.

Pierre Jean Jouve

Et, si vous manquez d'inspiration sur ce thème, faites un effort, car, comme l'écrivait Madame du Deffand dans une de ses lettres à D'Alembert, dites-vous bien qu'en poésie comme en amour, *il n'y a que le premier pas qui coûte.*

N'appréciez-vous pas ses doux pieds nus sur votre peau, ne sont-ils pas majestueux quand ils foulent en été le sable d'une plage ? Ne sont-ils pas mystérieux dans l'eau limpide d'un torrent ? Et, dans le lit, ne vous suggèrent-ils quelque érotique idée ?

Personne pure, ombre divine,
Qu'ils sont doux, tes pas retenus !
Dieux !... tous les dons que je devine
Viennent à moi sur ces pieds nus !

Paul Valéry

Le pied c'est aussi la cheville qui, selon sa taille, sa forme, sa couleur, laisse deviner le reste du corps. N'aimez-vous pas emprisonner ses chevilles dans vos mains en serrant très fort, comme pour vous enchaîner à l'être cher.

Toutefois, n'abusez pas d'un lyrisme qui prêterait à sourire, et méfiez-vous des métaphores téméraires. Le poète Fagus semble, dans ces quelques vers, s'être laissé emporter par une inspiration plutôt « légère » :

Tes pieds roses, leurs ongles roses,
Si frais, si menus et si fins,
Font se brandir l'éventail rose
De dix ailes de séraphin ;

Monsieur, vous ne sauriez davantage vous montrer indifférent aux ongles de ses pieds. Celle que vous aimez n'est-elle pas « belle jusqu'au bout des ongles » ? La gamme pratiquement illimitée des teintes de vernis vous offre toutes les évocations possibles. Quant au pouvoir érotique des chaussures, il semble superflu de vous le rappeler.

Dans son très original poème intitulé « Sept souhaits », Claire Goll en arrive à jalouser ce qui parvient à s'immiscer entre le pied et la chaussure de son bien-aimé :

Que ne suis-je le sable dans tes mocassins
Qui ose caresser tes orteils !

Même si votre amour est immense et grande votre tentation, évitez de vous « jeter à ses pieds », de déposer des roses à ses pieds, de verser des larmes à ses pieds... et tous autres « clichés » susceptibles aujourd'hui de faire sourire. Mais prenez des « intermédiaires » flatteurs, comme Guillaume Apollinaire :

A tes pieds, l'aurore jeta ses fleurs de lauriers-roses ;
Et ta fleur, et ton sein, et la nuit, et l'hypnose
M'ont fait mourir un peu, ô Belle au bois dormant !

Rimes

Pied

Rimes suffisantes (éventuellement riches selon la voyelle qui précédera le mot « pied ») :

copier, épier, expier, guêpier, papier, pépier, pompier, recopier, tulipier.

Pas

Rimes suffisantes (éventuellement riches avec « le pas » ou « les pas ») : repas, trépas.

Rimes suffisantes :

appas, papa, compas, pampa, faux pas, sapa (verbe « saper »).

Le rêve

Je fais souvent ce rêve étrange et pénétrant
D'une femme inconnue, et que j'aime, et qui m'aime,
Et qui n'est, chaque fois, ni tout à fait la même
Ni tout à fait une autre, et m'aime et me comprend.

Paul Verlaine

Qui n'a jamais vu en songe l'amante ou l'amant idéal ? Qui n'a rêvé, au moins une fois, du Grand amour ? Sûrement pas vous, qui faites partie de cette cohorte des « rêveurs éveillés » que sont poètes et poétesses. Mais sachez que les fantasmes habitent aussi les rêves du commun des mortels. L'amour est d'une part *le seul rêve qui ne se rêve pas* (Paul Fort), et comme il rend aveugle, la plus grande des difficultés réside dans le discernement de la réalité d'avec l'imaginaire. Bien sûr, parfois le miracle se produit, et les deux mondes se réunissent en une seule personne, ce qui est probablement le cas de celui ou celle que vous aimez... Alors dites-le-lui, comme Jean Breton :

Je te connais
pour t'avoir rêvée mille fois
sous les feuilles de la forêt
dans ce monde
où l'air et l'eau ne pèsent pas

Si le partenaire « idéal », dont vous avez si longtemps rêvé, entre dans votre vie, n'ayez pas peur des mots : annoncez-lui tout de suite que dès la première rencontre la source de vos rêves s'est tarie, que votre bonheur va bien au-delà de ce que vous aviez pu imaginer dans vos rêves les plus fous, en un mot que sa réalité dépasse votre fiction :

Je ne rêverai plus de toi depuis que tu es réelle et tu seras plus belle qu'inventée, avec au coin des yeux la ride inquiète qui fait que je t'aime plus qu'il n'est sage. Je ne rêverai plus de toi.

Jean Malrieu

Cependant, vous ne devez pas oublier la justesse du dicton : « *il ne faut pas prendre ses désirs pour la réalité* ». Et donc, si vous ne voulez pas que la réalité dévoile un insupportable décalage, ne spéculez pas trop sur l'image onirique de l'être aimé. Faites plutôt l'inverse : rêvez de votre partenaire, comme le fait ici Gilles Durieux, idéalisez le réel et ne rêvez pas à l'idéal :

Je te veux en épure
comme je te rêve
et t'ai rêvée
en trois soirs et trois nuits
je t'aime
bêtement
atrocement.

Mais celle ou celui que vous aimez peut intervenir dans vos rêves de façon inopportune et se mettre à les hanter, vous plongeant dans un tourment aussi étrange que fascinant. Car, aussi fréquentes qu'elles soient, ces apparitions ne vous laissent qu'une vague idée de sa personne, qu'une image imprécise ; c'est à peine si vous devinez ses formes, à peine si vous « soupçonnez » le visage. Quelle déception de ne pas parvenir à « matérialiser » cette « vision » !

Décrivez votre désappointement, mais aussi votre plaisir de voir vos rêves « colonisés » ; traduisez le feu de la passion qui vous dévore, entrez dans les nuits de délire, comme un fantôme amoureux à la recherche d'une femme clandestine ou d'un homme venu d'ailleurs...

Si, perplexe, vous ne savez plus « qui est qui », si vous vous sentez littéralement perdu, attribuez-lui la responsabilité de vos tourments :

> *Il y a toi sans doute que je ne connais pas, que je connais au contraire.*
> *Mais qui, présente dans mes rêves, t'obstines à s'y laisser deviner sans y paraître.*
>
> Robert Desnos

Ou bien, comme Claude Roy dans son poème « La poursuivie », décrivez l'idéal de votre rêve en vous adressant à votre partenaire, qui n'est pas susceptible de connaître la vérité (la connaissez-vous vous-même ?) ; votre quête, votre « chasse » paraîtra si pathétique qu'en aucun cas votre poème n'éveillera le moindre doute :

> *Je te poursuis encore sur le versant des songes*
> *mais tu glisses de moi comme sable en la main*

et comme un coquillage invente son mensonge
la courbe de ton corps esquive ton dessein

Mais, loin de ne vous apporter que des tourments, le rêve vous procure souvent d'incomparables délices : quel plaisir de rejoindre pendant le sommeil l'être de sa vie ! Après avoir profité de sa présence bien réelle, vous l'emportez avec vous dans l'univers merveilleux de votre jardin secret. Il y deviendra la source lumineuse, chassant toutes les ombres malfaisantes, écartant les ténèbres lugubres :

Comme ton rêve bat, d'une aile ardente et sombre,
Phalène que la nuit trouble plus que le jour,
En ses jupes d'azur, toute lampe dans l'ombre,
Et, sur ses quatre joues, la Lanterne d'amour...

Hélène Picard

Ne cherchez pas à interpréter vos songes, gardez les images, toutes les images, telles qu'elles vous parviennent, sans essayer de les décrypter ou d'y lire absolument des symboles. Laissez errer la présence de votre amour dans le décor que vous avez « inventé », quelle qu'en soit l'étrangeté. Voici, toutefois, quelques lieux privilégiés décrits par les poètes :

Sur l'onde calme et noire où dorment les étoiles
(...)
Dans les plaintes de l'arbre et les soupirs des nuits.

Arthur Rimbaud

Hier je suis allé sur la montagne qu'habita la lune.

Jean-Pierre Duprey

sous le soleil obscur et dans l'ombre des tours.

Claude Roy

Les rues de mes rêves se resserrent
En dansant sur les cordes de la lune
Et les maisons blessées par des regards
Se couvrent de portées de brume

Céline Arnauld

Si vous êtes séparés, décrivez votre impatience quotidienne de voir arriver le soir pour retrouver l'être aimé, une fois les yeux fermés, à la faveur de la nuit.

Mourir de ta chair en moi,
M'endormir et rêver que je rêve de toi.

Claude de Burine

Le bonheur est alors si grand que vous vous surprenez à souhaiter que le matin ne vienne plus jamais vous séparer de la délicieuse compagnie de celui ou celle que vous aimez :

En pensant à lui
Je me suis endormie.
Mais je l'ai revu aussitôt.
Ah ! si j'avais su que c'était un rêve,
Jamais je ne me fusse réveillée.

Ono No Komachi

Ainsi, d'une manière ou d'une autre, les rêves s'intègrent à votre vie amoureuse, y participent pleinement, vous offrant une source inépuisable d'inspiration que chaque nuit renouvelle :

Je m'émerveille du rêve qui sonde l'avenir,
Des soifs que rien ne désaltère.
Que nous soyons chasseurs et gibiers à la fois,
Gladiateurs d'infini et captifs d'un mirage.

Andrée Chedid

Un dernier conseil : faites comme de nombreux et grands poètes ou écrivains, notez tous vos rêves sur un cahier réservé à cet effet, sans omettre le moindre détail. Votre mémoire, vous le verrez très vite, s'avivera avec le temps et vous obtiendrez rapidement un recueil de « contes oniriques » qui ne pourra que séduire. Avec l'âge vous en arriverez peut-être à déclarer comme Jean Cocteau : *Plus je vieillis, plus je vois que ce qui ne s'évanouit pas, ce sont les rêves !*

Rimes

Rimes suffisantes :

brève, crève, grève, trêve.

Rimes pauvres :

achève, élève, enlève, fève, glaive, lève, parachève, prélève, relève, soulève, surélève.

La rose

Des roses sur la mer, des roses dans le soir,
Et toi qui viens de loin, les mains lourdes de roses !
J'aspire ta beauté. Le couchant fait pleuvoir
Ses fines cendres d'or et ses poussières roses...

Renée Vivien

Probablement à cause de sa forme, de ses parfums et de ses couleurs, la rose est en poésie la reine des fleurs. « Au nom de la rose », vous pouvez traduire toutes les manifestations de votre vie amoureuse, de la déclaration à la tendresse en passant par la séparation, la passion et la jalousie. Même s'il vous semble difficile de faire preuve d'originalité sur ce thème, vu sa fortune au cours des siècles, l'envie vous démange de l'évoquer dans un de vos poèmes et vous pouvez la satisfaire. Pour vous y aider, voici quelques extraits poétiques propres à vous faire réussir dans votre tentative.

Quel amoureux n'a pas succombé à la tentation stéréotypée d'offrir des roses à sa bien-aimée, que ce soit une fleur unique ou un bouquet, une gerbe ou une couronne, voire un coussin ? En la matière, la quantité, sachez-le, ne préjuge pas de la qualité de vos sentiments ni n'influe sur celle de votre déclaration :

Or je veux d'ici-bas, rosier des allégresses
En humiliation devant mon front d'azur,
Je veux, avec les roses qui sont tes caresses,
Composer ta couronne d'archange futur.

Saint-Pol Roux

Un temps arrivera peut-être où, comme Jean Ogier de Gombaud, les bouquets de roses ne suffiront plus à vous faire patienter ; dites-le alors, sans fleur mais avec un peu plus d'humour et un peu moins de prétention que ce poète du XVIe siècle :

Nos affections sont écloses
Par des témoignages divers.
Beauté, vous me donnez des roses
Et moi je vous donne des vers.
Rendez-moi des preuves plus fortes
De votre faveur désormais,
Car vos roses sont déjà mortes
Et mes vers ne mourront jamais...

Hormis votre attrait, ou même votre fascination, pour cette fleur en elle-même, vous cultivez votre amour comme un jardin de roses.

Chérie, combien belles les roses
Que je cultive
Au long des murs.

Chawqi Baghdâdi

Et, comparant la beauté de votre bien-aimée à celle de la rose, vous décelez inévitablement une identité de teint :

Mignonne, allons voir si la rose
Qui ce matin avait déclose
Sa robe de pourpre au soleil,
A point perdu cette vesprée
Les plis de sa robe pourprée,
Et son teint au vôtre pareil.

Ronsard

Francisco de Quevedo juge son amante si belle que les roses ne peuvent rivaliser avec elle ; il ne veut donc pas lui en offrir pour ne pas faire trop d'honneur aux fleurs :

En neige et roses j'ai voulu vous fleurir ;
Mais c'eût été honorer les roses et vous outrager.

Ailleurs, le poète établit un étrange rapport entre sa bien-aimée et les roses, ces dernières se trouvant à la merci de la femme adorée et lui servant de faire-valoir :

Les roses que tu ne coupes pas se plaignent,
Lisis, de celles que tu as choisies plus belles ;
Celles que tu foules se tiennent inférieures
Pour garder la marque que de ton pied tu laisses.

N'évoquez pas le temps limité de la vie d'une rose, car si votre amour n'est pas éternel, il est pour le moins hors du temps, c'est-à-dire sans commune mesure avec la durée dévolue aux sentiments normaux ; vous pouvez donc, à la rigueur, faire des rapprochements avec la rose des vents ou celle des sables. Si l'être aimé est absent, vous voyez dans les roses les heureux moments passés avec lui, car elles témoignent de ses mots d'amour et semblent attendre son retour :

Je t'attends chérie, et les roses
Appellent ton retour, et n'osent.
Ta promesse est en moi enclose.
Brûler les roses, est-ce peu de choses ?

Abdel Salâm Al-Oujeili

Lors d'un baiser vous avez déjà songé à comparer ses lèvres à deux pétales de rose, ce qui, en soi, ne constitue pas une grande originalité. Si en l'embrassant vous avez l'impression de mourir... d'amour, alors n'hésitez pas, comme Tristan L'Hermite, à découvrir sous vos lèvres le responsable d'un tel « meurtre »

Ce baiser est un sceau par qui ma vie est close ;
Et comme on peut trouver un serpent sous des fleurs,
J'ai rencontré ma mort sur un bouton de rose.

Mais, si belle soit la rose, n'oubliez pas la présence de ses cruelles épines. Existe-t-il un amour sans souffrance ? Abordez sans complexes cet éternel cliché — « il n'y a pas de rose sans épines » — et cherchez des solutions originales :

... pareille à la chair de la femme, la rose
Cruelle, Herodiade en fleur du jardin clair,
Celle qu'un sang farouche et radieux arrose !

Stéphane Mallarmé

Angèle Vannier, elle aussi, parvient merveilleusement à évoquer ses blessures passées et à rénover cette image si galvaudée :

Je cherche sur mes mains quelques taches de sang
pour me prouver que j'aimais bien cueillir des roses
et sculpter des baisers dans la pulpe des nuits.

En cueillant une rose, vous cueillez son amour. Clotilde de Surville dans sa « Ballade à mon époux », se souvient de ses *premiers jours du printemps de mon âge,* et symbolise sa virginité et sa pureté par la présence de roses et de lys sur son visage. Elle déplore de n'avoir connu trop longtemps que les regards, mais apparemment elle sut se rattraper dès que son futur mari vint les cueillir :

Roses et lys issoient sur mon visage ;
Tous de mirer, et nul de les cueillir :
Mais quand l'auteur de mon premier soupir
Les fut livrant au plus tendre ravage,
Lors m'escriay, me sentant frémollir :
« *Faut estre deux pour avoir du plaisir ;*
Plaisir ne l'est qu'autant qu'on le partage ! »

Votre amour partagé est si absolu que, dans la fusion totale de vos cœurs et de vos corps, vous choisirez encore la rose, pour dire qu'en amour $1+1=1$:

Aussi deviendrons-nous
Cette rose unique
à jamais sauvée
du long dessèchement.

Jean Orizet

Rimes

Rimes suffisantes : arrose (éventuellement riche avec la rose), morose, névrose, prose.

Rimes pauvres :

apothéose, cause, clause, chose, close, compose, déclose, dépose, dispose, éclose, enclose, explose, forclose, impose, indispose, interpose, métamorphose, oppose, pose, prédispose, prépose, présuppose, propose, repose, superpose, suppose, transpose.

Les saisons

J'ai mille jours d'ennuis, mille nuits de disgrâce,
Un printemps d'espérance et un hiver de glace ;
De soupirs un automne, un été de chaleurs.

Si vous omettez le pessimisme du premier vers, Marguerite de Navarre a trouvé le mot juste pour qualifier chacune des saisons. Bien sûr votre amour vit à leur rythme et ce qui caractérise chacune d'elles constitue pour vos poèmes une fabuleuse mine d'inspiration. N'hésitez pas à changer l'ordre de vos saisons amoureuses : n'avez-vous jamais eu le cœur glacé en plein été ? Le printemps de votre amour ne s'est-il pas déjà manifesté en automne ? Dites-vous comme Armand Monjo :

Cent problèmes une solution :
un amour des quatre saisons.

Comme la nature qu'il réveille à la vie, le printemps ravive votre amour ou fait renaître votre désir d'aimer et d'être aimé :

C'est le joli printemps
Qui fait sortir les filles,
C'est le joli printemps
Qui fait briller le temps.

Maurice Fombeure

Après l'hibernation, vous retrouvez le soleil dans le ciel et dans votre cœur, vous rajeunissez :

Le ciel nous est favorable,
Nous sommes au beau printemps,
Amour nous est secourable,
Nous voyons fleurir nos ans ;

Claude de Pontoux

Attribuez à l'être aimé tout ce qui pour vous symbolise la vigueur retrouvée, comme Marie Dauguet le fit, avec beaucoup d'audace, pour son amant :

Tu es la vigueur du soleil
Et ta sève embaume,
(...)
Je me rassasie de ton odeur sauvage,
Tu sens les bois et le marécage,
Tu es beau comme le loup ;

Vous lisez sur son corps, sur son visage en particulier, le rythme des saisons et ce jaillissement de vie propre au printemps vous autorise toutes les folies dans la vie et dans votre poème. Osez, libérez-vous, tout est possible en cette période, écoutez Pierre Seghers :

Saisons dans un visage, où va la vie folle ?
Il naissait au printemps des yeux de violette
Les bras tiraient le jour déchiré de soleil
Le blé des seins nouveaux allait à l'aventure.

L'été, l'Oiseau cherche l'Oiselle ;
Il aime — et n'aime qu'une fois !
Qu'il est doux, paisible et fidèle,
Le nid de l'Oiseau — dans les bois !

Gérard de Nerval

Saison des vacances, l'été privilégie les rencontres amoureuses. Le soleil et la chaleur vous « déshabillent ». La légèreté de votre tenue accroît votre désir et les siens, et décuple l'érotisme. Quel n'est pas votre plaisir de voir le corps de l'être aimé lézardant sur la plage, de le deviner sous ses légers vêtements flottant au gré du vent :

Vent d'été, tu fais les femmes plus belles
En corsage clair, que les seins rebelles
Gonflent. Vent d'été, vent des fleurs, doux rêve,
Caresse un tissu qu'un beau sein soulève.

Dans les bois, les champs, corolles, ombrelles
Entourent la femme ; en haut, les querelles
Des oiseaux, dont la romance est trop brève,
Tombent dans l'air chaud. Un moment de trêve.

Charles Cros

En cette saison la liberté explose, tout est permis (ou du moins vous en avez l'impression et l'envie), les corps sont en fête et l'amour en est la vedette :

L'été c'est la saison des taons,
de l'aiguillon dans les poèmes,
sept épées dans le cœur qui aime,
cœur qui sait bien ce qui l'attend.

Jean Cuttat

Puis vos passions s'éteignent, vos amours s'endorment, vos corps pâlissent,... *l'été qui s'enfuit est un ami qui part.*

Victor Hugo

Voilà que pointe l'automne, vos amours se ternissent, et la fraîcheur reprend ses droits; votre cœur recherche la chaleur de la tranquillité, de la vie paisible dans l'intimité d'un foyer rassurant :

Ce soir, j'ai tout l'automne en moi,
Ses gris, ses désespoirs, ses morts et ses tempêtes,
(...)
Voici venir l'automne, et l'on rentre chez soi :
L'amour familial dans la maison jolie!

Nathalie Clifford-Barney

En automne, les souvenirs jaunissent avec les feuilles mortes et votre amour s'effeuille en tournant les pages de votre dernier recueil de poèmes :

J'ouvre mon livre au froid chapitre de l'automne
Où les mots sont tremblants comme des êtres nus.
L'amour s'est éloigné. (...)

Doëtte Angliviel

Contrairement aux douceurs de celui d'été, le vent d'automne en soufflant apporte la tristesse, et en chassant les jours fait naître l'amertume. Votre teint perd son éclat, votre séduction diminue, vos vêtements vous emprisonnent et passivement, avec nostalgie, vous regardez s'enfuir la douce musique des jours heureux :

Il ne reste plus dans mon âme
Qu'un seul amour pour y chanter,

Mais le vent d'automne qui brame
Ne permet pas de l'écouter;

Théophile Gautier

Avec les hirondelles, les colombes et bien d'autres oiseaux, vos amours prennent leur envol en automne pour émigrer vers des contrées plus clémentes :

Mon automne éternel ô ma saison mentale
Les mains des amantes d'antan jonchent ton sol
Une épouse me suit c'est mon ombre fatale
Les colombes ce soir tentent un dernier vol.

Apollinaire

Arrive l'hiver : règne de la solitude, règne du froid, règne du blanc impavide, règne des nuits effrayantes, saison des contrastes trop durs et pourtant sans couleurs, si ce n'est celle (écarlate) de votre cœur engourdi par le froid :

Tout l'hiver va rentrer dans mon être : colère,
Haine, frissons, horreur, labeur dur et forcé,
Et, comme le soleil dans son enfer polaire,
Mon cœur ne sera plus qu'un bloc rouge et glacé.

Baudelaire

L'hiver et ses rigueurs vous rapprochent de l'être aimé et grâce à votre amour vous vivez un été intérieur :

Mais que m'importe! Près de toi
Je ne connais pas l'hiver :
Ta voix porte toute la chanson des nids,
Tes yeux portent tout le soleil.

Poésie anonyme du Daghestan, République caucasienne de l'Union soviétique.

Le pouvoir de l'amour est illimité et Clément Marot a vécu l'étrange phénomène de la transmutation d'une boule de neige en braise (noter la très belle rime « neige/en ai-je ») :

Anne par jeu me jeta de la neige,
Que je croyais froide, certainement :
Mais c'était feu, l'expérience en ai-je,
Car embrasé je fus soudainement.

Saison des retrouvailles familiales, des festivités de Noël et du jour de l'an, l'hiver vous permet de goûter aux plaisirs de la tradition retrouvée. Ayez alors une pensée, un poème, pour ceux qui souffrent, comme François Villon au fond de sa prison :

En ce temps que j'ai dit devant,
Sur le Noël, morte saison,
Lorsque les loups vivent de vent,
Et qu'on se tient en sa maison,
Pour le frimas, près du tison,
Me vint le vouloir de briser
La très amoureuse prison
Qui souloit mon cueur debriser

Ainsi *l'amour est toujours de saison* (Desmahis). Vous ne manquerez jamais de trouver, dans ce découpage du temps qu'autorise le cycle des saisons, le moyen de traduire le rythme de votre amour. Si toutefois les quatre périodes habituelles ne vous suffisaient pas, libre à vous d'en créer une cinquième que vous qualifierez par exemple comme Andrée Chedid de « Saison des hommes » *(Sachant qu'elle nous sera ôtée, / Je m'émerveille de croire en notre saison),* et que vous pourrez situer où bon vous semble : *La nouvelle saison qui commence à ton corps.* Catherine Fauln

Rimes :

Rimes riches :

cargaison, combinaison, comparaison, conjugaison, crevaison, déclinaison, déraison, exhalaison, floraison, flottaison, frondaison, inclinaison, liaison, livraison, lunaison, maison, oraison, pendaison, raison, terminaison.

Rimes suffisantes :

avisons, bison, blason, cloison, cousons, diapason, foison, garnison, gazon, guérison, horizon, poison, taisons, tison, toison, trahison, vison.

Les seins

> *...couvrez ce sein que je ne saurais voir ;*
> *Par de pareils objets les âmes sont blessées,*
> *Et cela fait venir de coupables pensées.*

Qui n'a pas cité ces vers célèbres de Molière appris sur les bancs du collège ou du lycée ? La vue des seins, de la poitrine ou de la gorge (ce mot a vieilli) d'une femme provoque chez la plupart des hommes les premiers émois sexuels et suscite la découverte de l'érotisme. C'est l'une des parties du corps féminin les plus célébrées par les poètes de tous les temps et de toutes les origines. Déjà, dans le « Cantique des Cantiques », leur évocation avait permis une métaphore que ne renieraient pas les poètes surréalistes : *Tes deux seins sont comme deux faons, jumeaux d'une gazelle.* Avant de poursuivre, nous tenons à nous excuser auprès de nos lectrices, car les propos de ce chapitre s'adressent plus particulièrement à nos lecteurs. Cela peut paraître injuste car dans le passé les seins masculins n'étaient pas toujours oubliés, quelques poétesses se plaisant à évoquer les torses généreux et les larges poitrails. Et ces dernières années, comme en témoigne la publicité, les « seins mâles » se voient fréquemment associés aux traditionnels arguments de la séduction masculine, sans d'ailleurs que soient mis particulièrement en avant l'impression de force et de virilité.

Les seins ont toujours abondamment nourri l'imagination de vos illustres prédécesseurs et Pierre de Ronsard n'a pas été le seul à les comparer aux fleurs, probablement à cause du bouton et de l'évolution de sa forme et de sa couleur sous l'effet du désir et du plaisir.

Quand je vois dans un jardin
Au matin
S'éclore une fleur nouvelle,
J'accompagne le bouton
Au téton
De mon beau sein qui pommelle.

Les poètes contemporains ont fait voler en éclats les clichés : les seins comme les oranges changent de couleur et ne sont plus réservés aux seuls mammifères... et l'on savait déjà depuis longtemps que les gorges pigeonnaient.

Un sein bleu cligne de l'œil
L'aréole est une ruche
Où déposent leur butin
Les amants des lucioles

André Pieyre de Mandiargues

Les seins

Le chemin de son sourire
passe par ses seins d'oiseaux
que guettent les bêtes tendres.

Paul Eluard

Mais, attention ! la poitrine étant la partie du corps dont la femme se préoccupe le plus, le moindre impair entraînerait l'effet inverse à celui recherché. Méfiez-vous des images téméraires, il faut s'appeler André Breton pour écrire : *Je vois ses seins comme si elle était nue / On dirait des mouchoirs séchant sur un rosier (...)* ; ou Jean Malrieu pour ne plus rêver que de son amour à *la poitrine plus large que nature.*

Si la femme de vos pensées a des seins *plus larges que nature,* évitez les adjectifs gros, lourds, gonflés, volumineux, opulents, mais utilisez plutôt arrondis, épanouis, ronds, galbés... insistez sur leur courbure.

Ses pieds jonglaient avec ses seins :
Ses seins parfaits, ses seins polis, ses seins ballons, sonores, ses seins beaux comme des boules de buis.

Malgré cette démonstration d'André Pieyre de Mandiargues, méfiez-vous des images et comparaisons hasardeuses et préférez mont ou dune à montagne, balle à ballon... et si vous parcourez ses vallons et ses dômes, gravissez ses pics, triomphez de ses crêtes, glissez sur ses pentes, découvrez ses volcans en éruption, ne perdez jamais de vue que, même si vous vous égarez, vous n'êtes pas dans le Paris-Dakar ni dans la cordillère des Andes... Vous ne pourrez toujours réussir, comme Franz Toussaint, le tour de force suivant :

Plus blancs et plus gonflés de trésors que les tentes d'un émir, tes seins, ô ma bien-aimée, sont les tentes de mon amour.

Si elle n'aime pas sa poitrine (seins tombants, petits, mal formés...) mais que, pour exorciser le mal, vous teniez justement à en parler, n'évoquez pas la forme mais plutôt la couleur : *Ce qui m'affole, ce sont... de beaux seins blancs comme le lait, désirables, bien accouplés, plus charmants que n'importe quelle fleur.* Dioscoride. Ne vous risquez pas, comme Louis Bouilhet, à chanter les avantages de la maigreur, vous tomberiez à plat :

Qu'importe ton sein maigre, ô mon objet aimé !
On est plus près du cœur quand la poitrine est plate :
Et je vois, comme un merle en sa cage enfermé,
L'amour entre les os rêvant sur une patte.

Une autre manière d'esquiver le piège est de parler du mamelon : *Beaux seins qui dressez vos pointes fleuries, vous sur lesquels, à l'aube, tombe ma tête lasse...* Gabriel D'Annunzio. Mais il faut bien avouer que le mot mamelon et ses correspondants (aréoles, téton, tétin...) ne sont pas faciles à utiliser ; bouton (on en revient aux fleurs : *bouton incarnat de la rose naissante,* M. Guichard), pointe, sommet, cime, crête sont plus élégants, mais certains poètes trouvent plus judicieux d'employer des métaphores : fraise, cerise, groseille, et même grain chez le poète bédouin Rejeb ben Sahli : *les deux grains de vigne grenat de tes seins.*

Sein gauche si rose et si insolent je t'aime
Sein droit si tendrement rosé je t'aime
Mamelon droit couleur de champagne non champagnisé je t'aime

> *Mamelon gauche semblable à une bosse du front d'un petit veau qui vient de naître je t'aime.*
>
> Guillaume Apollinaire

On peut aussi, à moins qu'ils ne soient trop têtus, animer les seins par la respiration, le souffle, la vie. Si une poitrine provocante trouble toujours celui qui la regarde, elle sait aussi être farouche ou arrogante quand elle se lève, se soulève, se redresse, se dresse, se cambre, s'érige... mais évitez « se cabre » qui paraît exagéré. Et la poitrine, même sauvage, ne dédaigne pas de s'abandonner, ne refuse pas de se soumettre à vos caresses qui alors l'apprivoisent sans lui ôter sa fierté, sa noblesse et parfois même son insolence.

Le même Rejeb ben Sahli, cité plus haut, parvient à chanter la beauté des seins sans invoquer leur forme :

... Mais laisse tes seins
respirer ainsi, vagues idéales qui s'élèvent
et s'abaissent au gré de tes rêves. Ô tes seins
neigeux, pareils à l'écume des mers,
à la crête des vagues ! Ah tes seins qui respirent !

Pour rester dans cette partie de l'Afrique, (les poètes occidentaux ont pour le moins puisé, sinon plagié, la poésie amoureuse des Arabes et des Persans), empruntons à l'excellent livre de Malek Chebel « Le corps dans la tradition au Maghreb » (Éd. PUF, 1984), une merveilleuse pratique ésotérique : *Au Maghreb, une des nombreuses recettes pour faire grossir les seins consiste à prendre une fève dans la main droite, à la passer sept fois autour de chaque sein, ou même autour de l'un des deux seins (celui qui satisfait le moins) en allant de droite à gauche, à jeter la fève dans un puits et dire : « Cette fève ne gonflera pas sans que mes seins ne se gonflent.* » Bien sûr il ne s'agit pas pour vous d'imaginer des formules pour réduire ou développer la poitrine qui vous fascine, mais vous obtiendrez de séduisants effets poétiques en inventant des recettes ou des contes la mettant dans des situations étonnantes, drôles, attendrissantes et même érotiques.

Une autre possibilité réside dans le vêtement ou le sous-vêtement : la séduction peut émaner de l'échancrure d'un corsage, du décolleté d'une robe, d'un bustier à dentelles, de la transparence d'une chemise... atours souvent bien plus troublants, avouez-le, que la vérité toute nue...

Que j'aime à la presser, quand sa taille légère
Emprunte du sérail les magiques atours ;
Ou qu'à mes sens ravis sa tunique étrangère
D'un sein voluptueux dessine les contours.

Antoine Bertin

L'appel aux sentiments maternels ne doit pas être négligé, mais avant de l'utiliser entourez-vous des plus extrêmes précautions, car toutes les femmes n'apprécient pas ce type de rapport et certaines même le détestent. *L'homme suçait, heureux, sa mamelle bénie, / Comme un petit enfant, jouant sur ses genoux.* Ces vers sont d'Arthur Rimbaud dont on connaît les rapports pour le moins complexes avec les femmes.

On ne peut changer de sujet sans parler des transformations, pardon des modifications sensibles, que subit le corps de la femme à certaines étapes de la vie. La maternité et ses conséquences sur la poitrine vous offrent ainsi des possibilités que vous auriez tort d'exclure…

Je te revois ! je te revois !
Hier, quand les grossesses faisaient germer la plénitude de ton corps. Ta peau devenait soie et tes seins se dressaient dans le soleil de mon désir.

Gabriel Cousin

Rimes

Rimes suffisantes (éventuellement riches selon la voyelle précédant le mot « sein ») :

abyssin, assassin, buccin, ceint, coussin, dessein, dessin, essaim, fantassin, larcin, malsain, mocassin, poussin, sain, saint, succin, succinct, tocsin, Toussaint, tracassin, traversin.

La séparation

Mais si l'on veut les séparer
Le coudrier meurt rapidement,
Et le chèvrefeuille avec lui
Bel ami, ainsi est de nous :
Ni vous sans moi ni moi sans vous.

Marie de France

Étape dans leur relation ou dernier acte, la séparation constitue l'épreuve la plus redoutée par les amoureux. Avant toute considération, gardez toujours à l'esprit cette lapalissade : il faut être deux pour se séparer. Par ailleurs c'est dans ces moments d'intense émotion que vous avez le plus envie et le plus besoin d'écrire. Que vous composiez ce ou ces poèmes pour lui communiquer votre peine ou, plus égoïstement, pour l'exorciser, la règle d'or réside dans la sincérité. Couchez sur le papier tout ce que vous ressentez, même si parfois traversent votre esprit sombres pensées et vilains sentiments : colère, jalousie, chantage, vengeance, haine…

Si cette séparation est imposée par des circonstances exceptionnelles comme un voyage professionnel ou le service militaire, évitez de vous appesantir sur ses raisons et sur le moment précis où vous vous êtes quittés, mais évoquez l'absence de l'être aimé. L'absence est un thème privilégié en poésie. Pour deux raisons essentielles : l'éloignement laisse du temps libre à celui qui attend et, attisant la mémoire, le contraint à un sérieux effort d'imagination, effort d'autant plus intense que longue est la séparation.

Commencez par bannir les sentences de Properce *(Loin des yeux, loin du cœur)* et de Destouches *(Les absents ont toujours tort),* ainsi que celle, pourtant juste, de La Rochefoucauld *(L'absence diminue les médiocres passions et augmente les grandes, comme le vent éteint les bougies et allume le feu),* car elles ne vous concernent pas, puisque vous vivez un amour immense dont la flamme n'est pas près de s'éteindre... Vos corps sont séparés mais vos pensées ne se quittent pas, et vous approuvez Madame de Sévigné lorsqu'elle écrit : *Ma pensée n'a pas été un moment séparée de vous, je vous ai suivie partout.*

Les conséquences de l'absence peuvent se résumer en quelques mots clefs : mémoire, rêve, solitude, temps, souffrance, distance, attente.

Soyez prudent avec la mémoire et ne l'utilisez pas trop tôt après le départ, car votre « éloigné » pourrait en déduire malencontreusement qu'il fait déjà partie de vos souvenirs ! Mieux vaut réserver ce terme aux cas de très longues séparations (il permet de belles et nombreuses rimes) ou pour mettre en évidence son inutilité puisque la « présence de l'absent » est indéfectible.

La séparation

Vous pouvez remplacer avantageusement la mémoire par le rêve, en prenant toutefois bien soin d'éviter certains clichés, du genre « je rêve de toi jour et nuit ». Mais il ou elle ne restera pas insensible à vos nuits agitées par des rêves tendrement érotiques...

Est-ce bien toi qui veux que ton image tienne mes lourdes paupières ouvertes à la nuit fastidieuse ? Est-ce bien toi qui désires que mon sommeil soit rompu quand des ombres qui te ressemblent à mes yeux font illusion ?

Shakespeare

« *Il n'y a plus de solitude là où est la poésie* », écrivait Ramuz, et, pourrait-on ajouter, là où est la poésie, l'amour vibre, se transcende et s'épanouit. Mais, s'il est vrai qu'on ne se sent jamais aussi seul que lorsqu'on est séparé de celui ou de celle qu'on aime, il faut éviter de trop insister sur la solitude due à l'absence de l'être cher puisque, par définition, il « ne vous quitte pas ».

Aux souffrances de la solitude préférez les tourments de l'attente.

Paul Eluard, qui a si souvent chanté l'absence, écrit dans « Le livre ouvert » ces vers superbes :

Le corail imprévu de la fureur d'attendre
Les forêts sont en cage et la rosée est bue
Rancune j'oublierai j'aurai d'autres ivresses
Mais quelle vie les mains fermées sur une absence !

Si c'est vous qui êtes au loin, vous nourrissez votre résistance dans vos souvenirs

Ma seule amour, ma joie et ma maîtresse,
Puisqu'il me faut loin de vous demeurer,

Je n'ai plus rien à me réconforter,
Qu'un souvenir pour retenir liesse.

Charles d'Orléans

Si la séparation est de courte durée, n'exagérez pas et évitez la grandiloquence ; mais si elle dure plusieurs semaines, voire plusieurs mois, divisez le temps en trois grands thèmes :

— *le départ et son déchirement.* N'insistez pas trop sur cette première phase car l'être dont vous êtes cruellement séparé souffre aussi ; abstenez-vous donc de trop retourner le couteau dans la plaie, car l'écueil vous guette et vous risquez fort de ne pas l'éviter, à moins d'être particulièrement doué, comme le poète Alain Borne, injustement méconnu :

Hors ta présence mon sang
n'est qu'une eau grise qui se tait.
(...)
Ton absence
est une immense paupière
sur tout mon corps.

— *la solitude, la lenteur des jours qui passent et des nuits d'insomnies.* Écrivez des poèmes qui témoignent de votre vie et de vos observations quotidiennes : c'est le moment d'être descriptif : les paysages, la foule, les éléments, les événements, mais n'oubliez pas d'y relever toujours la présence, la marque, l'empreinte de celui ou celle que vous aimez, comme ici Lamartine :

C'est toi que j'entends, que je vois :
Dans le désert, dans le nuage ;
L'onde réfléchit ton image ;
Le zéphyr m'apporte ta voix.

— *l'attente, l'impatience, le retour.* Plus le jour béni approche, plus vous devez vous défaire de toute tristesse et mélancolie pour rejoindre la joie du bonheur bientôt retrouvé.

Je t'attendrai en haut de la plus haute tour
où pleurent nuit et jour les absents dans le vent
Quand les oiseaux fuiront je saurai que le jour
est là marqué des pas de celle que j'attends

Claude Roy

Lorsque vous êtes à court d'idées, il vous reste la distance qui vous sépare. Si l'être absent réside dans le même pays, jouez sur le nombre de kilomètres, qui n'intervient pas dans le fait de l'éloignement ; si au contraire l'être aimé vit dans un pays étranger, documentez-vous et évoquez ce pays, imaginez la vie de votre amour sur cette terre que vous ne connaissez pas personnellement.

Mais si vous êtes à l'origine de la séparation — vous voulez établir une distance dans l'espoir d'oublier celui ou celle que vous quittez —, attention ! Vous pourriez obtenir l'effet inverse. Si cela vous arrive, n'hésitez pas un seul instant à tout avouer, votre lubie ou votre frasque sera vite pardonnée et l'on attendra votre retour.

Et voilà qu'en cherchant à t'oublier
je me suis souvenu de toi
au point d'oublier
que je cherchais un remède
pour mon cœur blessé.

Voilà qu'en cherchant à t'oublier
j'ai réussi seulement

à rendre plus vivant
et plus présent que jamais
le souvenir de ton amour.

Ahmed Ramy

Vous pouvez aussi aborder l'absence sous le biais de certains lieux communs : absence à l'école, absence de mémoire, absence en tant qu'arrêt brutal de la conscience, absence de ponctuation dans un texte... Avec une certaine habileté, vous parviendrez à des effets comiques souvent plus « porteurs » que les témoignages de solitudes dramatiques...

Dans le cas d'une séparation définitive, n'exploitez plus l'attente, même si parfois vous ne parvenez pas à vous empêcher d'espérer, et ne souffrez de l'absence que pour mieux vous remémorer les moments heureux passés ensemble :

La flamme de la séparation cruelle me consomme tout entier. Ô vent du soir, rafraîchis-moi de ton haleine, mais que cette haleine soit embaumée de ton parfum.

Schems ed-Din Mohammed Hafiz

Si vous perdez votre amour parce qu'il s'est détourné de vous pour investir un autre cœur, et si, malgré tout, vous conservez assez de sérénité, constatez l'événement, décrivez les réactions — gestes, actes, sentiments — que déclenche cette épreuve, essayez de rester ce que vous étiez : admirable.

Mais pourtant l'heure vint, et tu t'en es allée,
J'ai jeté dans la nuit notre bague d'amour,
Et toi tu as remis ton destin à un autre,
Et j'ai perdu les traits charmants de ton visage.

Alexandre A. Blok

Malheureusement cette réaction demeure rarement possible et la tromperie déclenche sûrement en vous un réflexe de violence, un désir de vengeance, un besoin de blesser.

Cruel ! car il est temps que ma douleur éclate
Et qu'un juste reproche accable une âme ingrate,
Est-ce là ce beau feu ? Sont-ce là tes serments ?
Tu me quittes, ingrat, et le fais avec joie ;

Pierre Corneille

Tentez cependant d'éviter à tout prix les « règlements de compte » ; si vous souhaitez le (ou la) tourmenter, choisissez un moyen insidieux mais particulièrement efficace : l'évocation détaillée de vos grands moments de bonheur partagé.

Si vous ne vous sentez ni la force ni l'envie d'être magnanime ou stoïque, il vous reste la solution de sombrer dans l'extrême désespérance : présentez-vous en victime et jouez sur le sentiment de culpabilité que « l'autre » ne peut manquer de ressentir plus ou moins intensément. Le poème que vous écrivez est alors le dernier, il transmet vos ultimes paroles !

... Adieu, le cœur pour la fin de mon rôle,
Donnant au mien mort irrémédiable,
Par ferme foi et amour perdurable :
Je ne puis plus écrire une parole...

Marguerite de Navarre

La nature et l'ampleur des manifestations qui suivent une séparation irrémédiable ne sont pas obligatoirement proportionnelles à la durée de la liaison qui s'achève. Même la plus brève des rencontres amoureuses peut se terminer sur une séparation déchirante :

Ciel ! que le moment fuit ! que les plaisirs sont courts !
Déjà la lune errante, aux deux tiers de son cours,
Sous des nuages noirs se perdait éclipsée ;
L'airain sonnait minuit, il fallut nous quitter.

Antoine Bertin

Mais au moment où vous écrivez ce poème, avez-vous sincèrement la conviction que votre séparation est définitive ? Ne nourrissez-vous pas l'espoir, même lointain, qu'il ou elle revienne ? Que vous vous aimiez comme avant ce drame ? Et, pourquoi pas ? que vous vous aimiez davantage, car cet éloignement vous a permis de découvrir ce « manque » dévastateur de l'autre et d'assurer vos sentiments ? Peut-être vous investissez-vous déjà dans le plaisir de la reconquête. Peut-être vous fallait-il cette épreuve pour ne plus jamais vous séparer. Peut-être rejoignez-vous Marcel Proust quand il écrivait : *Bien souvent, pour que nous découvrions que nous sommes amoureux, (...) il faut qu'arrive le jour de la séparation.* Peut-être vous rassurez-vous et vous persuadez-vous que *les cœurs les plus proches,* comme le dit le proverbe chinois, *ne sont pas ceux qui se touchent.*

Dans le cas où la séparation se répète, et quelles qu'en soient les raisons, vous ne trouverez pas de plus belle déclaration d'amour que celle d'Évariste de Parny

Loin de vous autrefois je supportais l'ennui ;
L'espoir me consolait : mon amour aujourd'hui
Ne sais plus endurer les plus courtes absences.

Rimes

Rimes riches :

aberration, allitération, altération, amélioration, aspiration, célébration, claustration, collaboration, coloration, commisération, conflagration, consécration, considération, conspiration, coopération, déclaration, déflagration, délibération, démonstration, désintégration, détérioration, élaboration, élucubration, embarcation, émigration, énumération, exagération, exaspération, exécration, exploration, figuration, fulguration, génération, illustration, immigration, incarcération, inconsidération, inspiration, libération, modération, narration, opération, orchestration, préparation, réitération, séquestration, transfiguration, vibration, vénération, vocifération.

pour « absence » voici quelques rimes riches :

adolescence, connaissance, croissance, décence, déliquescence, effervescence, encense, essence, fluorescence, impuissance, incandescence, innocence, jouissance, licence, luminescence, magnificence, naissance, obéissance, puissance, quintessence, renaissance, réticence.

Le sexe

La nuit fêlée
le corps atteint le cœur
et l'étreinte s'installe
dans une prière blanche
(...)
ton cœur se met à battre
où ton sexe battait.

Anne Berger

Évoquer le sexe dans un poème sans sombrer dans une pornographie diamétralement opposée à l'amour exigera de vous un travail complexe et dont le résultat ne se montrera pas forcément à la hauteur de vos espérances. Ne vous découragez pas, mais ne vous acharnez pas non plus.

D'autre part si les poètes sont toujours parvenus, avec plus ou moins de réussite, à chanter les beautés et les attraits du sexe féminin, force est de constater que les poétesses se sont rarement risquées à prendre pour sujet celui de leurs amoureux. Ou le sexe masculin ne génère pas les mêmes pouvoirs évocateurs que celui de la femme, ou bien la pudeur et les tabous restent encore très forts dans notre société qui se veut libérée. Et la description physique des sexes en fournit un exemple flagrant. Mais, madame, votre imagination fertile saura contourner la difficulté et vous trouverez des comparaisons et des métaphores vous permettant des images suggestives, comme y est parvenue votre consœur suisse Monique Laederach dans ce poème intitulé « Les Feuilles Les Fleurs » :

(froissées   un autre grain
humide cette fragilité comme la peau de ton sexe
nervures si aisément froissées si
délicates qu'à peine avec l'index passer dessus
déjà suffit à desquamer   parvenir
à cette peau fragile).

Dans les premiers vers de son poème intitulé « Étreinte », Paul Chamberland parvient à une description réaliste du sexe féminin sans la moindre vulgarité :

Les dedans de l'amoureuse sont opale avant que le pur
rouge du plaisir n'envahisse l'épiderme
entrailles de nacre fondant corail moussant aux papilles à la vulve palpante.

Le choix des métaphores pour dire le sexe féminin est quasiment inépuisable, voici à titre d'exemples quelques mots et expressions appartenant au vocabulaire de la littérature française érotique du XVIIe siècle ; n'ayant rien perdu de leur saveur, elles vous apporteront peut-être des solutions : beau dédale (séjour, verger), centre de délices, champ de Vénus, citadelle, fleur de cristal, jardin d'épines et de fleurs, palais magnifique, paradis d'amour, port des amants... c'est probablement en pensant à cette dernière appellation que Jean Breton a écrit :

Mon âme a soif d'une ancre de la nuit.
Dirige-la avec quelque solennité vers le port maternel, où nul ne viendra la poursuivre.

A la même époque, le vocabulaire servant à désigner « les parties nobles de l'homme » prêterait aujourd'hui pour le moins à sourire, ne sombreriez-vous pas, madame, dans le plus total ridicule si vous écriviez : le bâton pastoral, les boulettes de Vénus, le directeur de la nature, la lance d'amour, le perroquet mignon, les pièces de ménage...

Le plaisir, la jouissance, l'orgasme, cette fabuleuse émotion qui vous bouleverse *de la nuque aux talons* (Paul Éluard) vous offre un vaste choix d'images que vous puiserez le plus souvent dans les grands mouvements naturels des éléments. Pour vous mettre sur la piste, voici quelques verbes fréquemment employés pour exprimer cette « tempête » : déferler, éclater, exploser, déchaîner, transporter, transformer, incontrôler, agiter, posséder... Marie-Christine Brière, sans utiliser les mots appropriés au sexe et au plaisir, réussit parfaitement à communiquer sa sensation au lecteur :

... tandis que nous sommes noués à ruisseler
et que tout d'un coup la pluie traverse la ville à cheval.

Vous pouvez aussi évoquer cette langueur qui vous envahit parfois dans les moments qui suivent le plus intense des plaisirs. André Frénaud en a une curieuse vision :

Quand la potence des sexes
s'est abattue en oiseaux pétrifiés,
l'être glorieux qui nous avait anéantis
n'est plus que nous deux, cadavres hostiles.

Mais vous gagnerez peut-être à délaisser les organes sexuels pour prendre en considération l'acte d'amour lui-même. Le mouvement qu'il implique vous inspirera sûrement, et toute la difficulté consistera alors à éviter le cliché « bateau » du flux et reflux marin. Ainsi, c'est par le jeu subtil de la comparaison inversée qu'André Pieyre de Mandiargues réussit ces quatre vers :

En écho de notre caresse
La mer faisait un bruit de sexe
Et nous connûmes soudain
Que nous étions mis en commun.

En donnant au sexe des qualités, sentiments ou facultés qu'il ne possède pas naturellement, vous réussirez à traduire vos visions les plus osées. Bien que largement utilisée, la comparaison du sexe (féminin ou masculin) avec le visage peut encore fournir des vers originaux, tel celui de Pierre Jean Jouve : *Toi qui portes le sexe ouvert sur ton visage.* N'avez-vous jamais ressenti l'étrange impression que le sexe de votre partenaire vous regarde ? *Et le sable envahit le sexe aux clairs regards de la vipère,* du même Pierre Jean Jouve.

Pierre Emmanuel préfère pour sa part accorder au sexe l'aptitude à respirer :

Il tressaille de l'immensité d'un néant
si pulpeux dès l'ourlet que sa langue y faufile
qu'il n'est plus que l'appel de ce gouffre gourmand
ouvert en lui du simple fait qu'il respire.

Exploitez avec précaution la métaphore du gouffre et ses analogies pour le sexe de la femme. Si l'idée de profondeur, de lieu où l'homme se perd et se retrouve, de région inconnue qu'il explore vient instinctivement à l'esprit, il vous faut demeurer soit très poétique, soit humoristique, pour éviter d'être assimilé très vite à un « spéléologue » de l'amour. Joyce Mansour, dont l'humour « assassin » transparaît dans la plupart de ses poèmes, utilise cette image du sexe « explorateur », mais en le dénommant Noé elle l'affuble de tous les symboles émanant du personnage biblique :

C'est la nuit
Et l'égratignure tranquille où meurt le vide haletant
Se bat se débat s'ouvre et doucement se ferme
Sur la verge dodelinante de Noé l'explorateur

En comparant le sexe féminin à une égratignure, la poétesse ne fait que suivre la longue tradition qui établit une ressemblance entre le « sexe faible » et la plaie, la blessure, la déchirure ; ce qui implique une connotation de la souffrance et de la douleur, celles de la défloraison et de l'accouchement.

Pablo Neruda suggère que le sexe féminin comporte des risques de souffrances, transposition poétique du dicton « qui s'y frotte s'y pique » :

Et la rencontre du rosier de ses jambes où
cille son sexe aux cils nocturnes.

Paul Marie Lapointe a consacré un poème à la couleur rose qui, pour lui, symbolise le sexe masculin :

Autour du rose l'amoureuse
déploie sa fourrure indomptable
accueille ses couchants ses aubes.

Les deux positions du pénis, active ou en repos, appellent naturellement quelques analogies (le couchant et l'aurore par exemple), le choix ne vous manquant pas. Si toutefois vous « séchez », faites comme Achille Chavée, restez simple et direct :

Toute seule près de moi
avec des yeux qui mourraient à l'horizon
hisse-toi à mon sexe qui va t'aimer

Vous connaissez sûrement cette formule familière « le sexe c'est comme une drogue » ; n'hésitez pas à vous servir de cette comparaison : elle vous permettra d'exposer certains de vos désirs, de dire par exemple, qu'en l'absence de l'être aimé vous vivez un véritable état de manque, que vous ne pouvez plus vous en passer, que vous êtes devenu dépendant...

Je voyage sur ton sexe de mescaline
déjà rosée et écartée
et éternellement fluide sous la main.

Denis Vanier

Sans vouloir paraphraser Karl Marx, « la religion est l'opium du peuple », en divinisant le sexe vous accéderez peut-être aux paradis artificiels, vous vous y perdrez éventuellement et sombrerez dans le plus voluptueux des naufrages :

Le sexe

Sexe seul dieu que je n'inventais pas
tu fondais trop pour n'être pas naufrage
ma langue a beau brûler de ton sel de tes plages
une aube me dit nu qui dénonce nos pas.

Guy Chambelland

Bien que, selon Émile-Michel Cioran, le spermatozoïde soit le bandit à l'état pur, la couleur et la consistance du sperme l'a fait comparer de tous temps par les hommes aux liqueurs les plus rares, aux nectars les plus précieux :

Le grand espace blond des poils fous du plaisir
Autour des lourdes lèvres blondes où parfume
Toute la terre, et d'enfanter par la liqueur

Pierre Jean Jouve

Et pourquoi l'amour charnel ne vous métamorphoserait pas, comme Claudine Chonez :

Quelquefois, la nuit, singulièrement après l'amour, je deviens insecte. (...)
Quant aux antennes elles me montent de droite et de gauche, impalpables, pêchant dans l'air, inlassablement sensible aux odeurs du sexe et de la nuit.

Rimes

annexe, circonflexe, complexe, connexe, convexe, implexe, index, latex (!), murex, perplexe, réflexe, silex, vexe.

Le silence

... Mon silence dans le tien
A vu couler ma larme indélébile
Veille avec ton regard servant de soutien
Sur un cœur entrouvert désormais et ductile.

Pierre Jean Jouve

L'amour n'a pas toujours besoin du « bruit » des mots. Il naît et s'épanouit souvent dans le silence de la profonde communion de vos sens, de vos cœurs et de vos âmes. Le silence de celui ou celle que vous aimez vous séduit parfois plus que ses paroles et vous ressentez une profonde émotion quand, ensemble, vous atteignez cette béatitude, ce nirvâna. Bientôt règne entre vous le doux silence qui est le plus tendre langage des amants. *Ce doux, ce paisible, ce reposant silence,* comme l'écrit Montesquieu, *empreint de sagesse, de sérénité, de confiance.* Pierre Jean Jouve l'exprime plus poétiquement :

Aussi tu m'as rendu silence ; et adorable inconnaissance touchée et non touchée

A l'infini de lait de ciel noir j'ai demandé qui tu étais.

Les nuits sont propices au silence et, lorsqu'il vous arrive, pour une raison ou une autre, de rencontrer la solitude, laissez aller votre esprit et pensez à l'autre, *car dans le silence et la solitude, on n'entend plus que l'essentiel* Camille Belguise.

Les ténèbres où règne le silence,
Font le bonheur de ce cœur amoureux;
Tout consiste dedans la patience,
Qu'exerce ici cet amant généreux.

Madame Guyon

Quel délice de partager intensément les joies de l'amour « sans bruit » ! Le silence ne vous permet-il pas de réconcilier le corps et l'esprit ? Ne percevez-vous pas mieux son corps et le vôtre ? La volupté ne vous envahit-elle pas davantage ? Plus de paroles inutiles, l'amour serein mutile le langage, et votre connaissance de l'autre n'a jamais été aussi profonde dans la complicité de vos silences.

L'amour te porte. Le temps te secoue.
La musique à minuit compose un sol,
Ou les mots du silence, si perplexes
Dans leur sens caché, comme des carrosses
Qui attendent le signal prévu.

Lawrence Durrell

La maxime de Confucius *le silence est un ami qui ne trahit jamais,* est souvent démentie dans la réalité. A vous de déchiffrer le silence de l'être cher. Comme un signal lancé, il peut marquer l'accord ou la réprobation, la discrétion ou la réflexion, la patience ou l'impatience, l'admiration ou le mépris. Mais vous savez éviter tous ces aspects négatifs pour ne privilégier que des sentiments qui vous honorent : votre silence contient ainsi les mots d'amour que vous n'osez pas lui dire, le sien attend peut-être ces mots, ou dissimule un secret qu'il vous faut découvrir.

Mais si le silence favorise l'amour (*cet amour s'est longtemps accru dans le silence,* écrit Racine), il en traduit parfois la dégradation et vous laisse comme orphelin avec vos sentiments :

Voilà donc ce que j'emporte :
Ton silence et mon amour.

Germain Nouveau

Il ne s'agit pas non plus de vous tourmenter sans raison, le silence ne comporte pas obligatoirement une signification : pour certains hommes et certaines femmes, il fait partie intégrante de la personnalité, une sorte de « domaine réservé ». Si vous aimez un de ces « êtres silencieux », entrez doucement, tendrement, dans son espace tranquille, respectez-le, laissez-vous charmer, admirez-le, aimez-le ; au besoin, étonnez-vous, comme Edgar Poe :

Sûr, tu es venue de par les mers du loin,
merveille pour les arbres de ces jardins.
Étrange est ta pâleur ! étrange est ta toilette ! étrange par-dessus tout ta longueur de cheveux, et tout ce solennel silence !

Pour préserver votre amour, sachez faire le silence autour de votre couple, fermez-vous aux commentaires de ceux et celles qui vous entourent, conversez avec la nature, écoutez son chant et appréciez ses silences qui valent tous les discours des hommes :

Devant ces arbres purs, ces ciels lourds de fantômes
Nous avons contemplé tant de soleils couchants...
Crois-moi, ferme ton âme aux murmures des hommes
Ils n'atteindront jamais au silence des champs

Maurice Fombeure

Pour vivre heureux, vivez silencieux !

Rimes

Rimes riches : pestilence, rutilance, vigilance

Rimes suffisantes :

ambivalence, balance, corpulence, élance, équivalence, excellence, indolence, insolence, lance, nonchalance, opulence, pétulance, relance, somnolence, succulence, truculence, turbulence, violence, virulence.

Le temps

> *Ô temps, suspends ton vol ! et vous, heures propices,*
> *Suspendez votre cours !*
> *Laissez-nous savourer les rapides délices*
> *Des plus beaux de nos jours !*
>
> Alphonse de Lamartine

Ces vers célèbres mis en exergue doivent vous persuader, dès que vous aborderez le thème du temps, que vous aurez du mal à échapper, sinon aux clichés, du moins aux imitations. Le seul « Lac » de Lamartine recèle bien des vers « définitifs » sur le sujet. La fuite du temps permet en effet d'évoquer aussi bien l'absence que la présence de l'être cher, le souvenir des moments heureux aussi bien que l'attente des retrouvailles. Reportez-vous ainsi aux chapitres sur l'amour, la séparation, le silence.

Voilà pourquoi, bien avant les auteurs de science-fiction, les poètes (et d'une façon générale tous les amoureux du monde) ont ressenti, perçu, décrit et déploré l'élasticité du temps, son étirement, son caractère éminemment fluctuant. Le temps vous apparaît à certains moments de votre vie plus rapide qu'à d'autres, il se révèle fugace, fugitif, insaisissable : *Le temps m'échappe et fuit,* écrit Lamartine.

L'homme n'a point de port, le temps n'a point de rive ;
Il coule, et nous passons.

Rappelez-vous le nombre de fois où, pour figer votre bonheur, vous auriez voulu arrêter le temps. Autant de fois vous avez dû vous rendre à la terrible évidence que *sur l'océan des âges* vous ne pouviez *jeter l'ancre un seul jour.* Vos attentes sont interminables alors que les heures et les jours passés avec l'être aimé sont toujours trop courts. Ninon de Lenclos écrivait, effarée, au marquis de Villarceaux : *Il est vrai que le jour de votre arrivée et celui de votre départ auront l'air de se toucher.* Henry Bataille la rejoint :

Hé quoi ?... Déjà ?... Amour léger comme tu passes !
A peine avons-nous eu le temps de les croiser
Que mutuellement nos mains se désenlacent.

Sans avoir la prétention d'apporter de réponse, interrogez-vous sur ce temps que l'homme n'est jamais parvenu à expliquer, qu'il n'a su qu'arbitrairement mesurer, comme pour le maîtriser, pour en estomper les effets et ainsi se rassurer. Et l'amour bouleverse toutes les règles, toutes les classifications :

Entre naître et mourir, un temps pour vivre.
Quelques heures, quelques saisons. De quel
Poids pèseront nos jours ?

Liliane Wouters

Le temps

Comment prendre le temps de vivre
entre le flux et le reflux
de la marée où roulent ivres
le trop tard et le jamais plus ?
Et le temps d'aimer, sa merveille
au présent dans chaque regard
murmurant encore à l'oreille
le jamais plus et le trop tard ?

Luc Estang

Mais, plutôt que de vous fracasser le cœur contre le désir utopique de stopper la marche inexorable du temps, profitez du plaisir de l'instant qui passe, et souhaitez que rien ne vienne l'arrêter :

Le ciel se décolore ; et c'est un charme unique,
Cette fuite du temps, il semble, entre nos doigts.
Je resterais ainsi des heures, des années,
Sans épuiser jamais la douceur de sentir
Ta tête aux lourds cheveux sur moi s'appesantir,

Albert Samain

Au lieu de déplorer la brièveté des moments de bonheur, efforcez-vous de les allonger en persuadant votre partenaire de profiter du moindre instant, comme le dit Ronsard, il y a quelques siècles, dans cet extrait d'un célèbre poème :

Donc, si vous me croyez, mignonne,
Tandis que votre âge fleuronne
En sa plus verte nouveauté,
Cueillez, cueillez votre jeunesse :
Comme à cette fleur, la vieillesse
Fera ternir votre beauté.

Cette attitude a été chantée, à toutes époques, mais vous pourrez peut-être plus facilement vous montrer original en actualisant et personnalisant votre « discours », et surtout en évitant, contrairement à ce qu'a fait Ronsard, de faire allusion à l'action du temps sur la beauté de l'être cher.

L'amour transforme le temps, le transcende, et vous invite à pénétrer dans l'éternité. *L'éternité est faite de secondes :* Jean Dubacq rejoint ici Andrée Vernay : *Je sais l'espace. Je sais la contenance infinie des secondes.* Pour exprimer cette durée sans commencement ni fin, utilisez tout ce qui dans la nature symbolise pour vous la permanence, l'incommensurable, l'infini : fleuves, mers et océans, montagnes, soleil et vent, étoiles...

Quel bruit plus éternel, et plus doux sur la terre
qu'un écho de mon cœur qui m'entretient de toi ?

Lamartine

Éternité de l'amour jusqu'à la fusion des êtres :

Deux amants sont devenus arbre
Pour avoir oublié le temps.

Marcel Béalu

Comme vous venez de le constater, il vous reste donc à faire preuve d'une certaine originalité, sinon d'une originalité certaine. Si vous n'y parvenez pas, deux solutions de rechange s'offrent à vous : soit citer dans votre poème quelques beaux vers peu connus (sans toutefois vous les attribuer, votre correspondant préféré aime et connaît autant que vous la poésie), soit paraphraser un texte célèbre, par exemple de Ronsard ou de Lamartine.

Comme pour d'autres thèmes, vous devez respecter, pour être crédible, le principe de base suivant : ne pas exagérer inconsidérément, mais rester dans le vrai, ou du moins dans le vraisemblable. Ainsi, ne dites pas « depuis que je te connais, plus rien n'existe, le temps s'est arrêté... » N'accumulez pas non plus les décennies ou les siècles à propos de l'effet que produit sur vous une petite séparation ; si l'être cher doit partir un mois ou deux, que vous restera-t-il ? Il est des mots au-delà desquels on ne peut plus aller, des superlatifs insurpassables ; vous ne devez pas oublier que chaque amoureux (et vous-même donc) conserve religieusement tout écrit de l'autre et le relit souvent ; apparaître en deçà dans la correspondance ne pourrait que vous nuire en faisant douter l'autre de la force de votre sentiment.

Pour vous éviter de « perdre du temps », voici quelques mots vous permettant de l'évoquer :
atemporel, perpétuel, cycle, lunaison, séculaire, immémorial, espace-temps, suspendu (le temps), éphémère, provisoire, pérennité, longévité, enraciné, survivance, passade, fugace...

Dernier conseil, mais non des moindres : si le temps se révèle le principal ennemi de l'amour, ce n'est pas tant en raison des « outrages » (ou des affronts, des atteintes, des injures) qu'il occasionne, mais bien plutôt parce qu'il est le vecteur de l'habitude. Ce n'est pas le temps qui tue l'amour, mais l'absence de désir, le conformisme, l'habitude :

Le temps au centre de ses rides
Donne cette assurance triste qui s'appelle
Habitude de la vie.

Jean Malrieu

Pour lutter efficacement contre ses ennemis, il faut d'abord les identifier : vous savez à présent qui sont les vôtres. Sachez donc prendre le temps qu'il faut pour aimer, pour dire des mots d'amour, pour écrire un poème, pour regarder l'autre, pour l'écouter, en un mot pour vivre, par et pour lui... au lieu d'exister simplement à côté.

Si vous ne voulez tuer l'amour, évitez de « tuer le temps » !

Rimes

Rimes pauvres (éventuellement suffisantes selon la voyelle qui précédera le mot « temps » ; en fait, seuls dans la liste, « débutant », « rebutant » et « percutant » vous fourniront ces rimes avec « ... du temps », et « sanglotant » ou « sautant » avec un éventuel « ... au temps » ; à noter qu' « haletant » permettra une rime riche avec « ... le temps ») :

agitant, attend, autant, combattant, compétent, comptant, consentant, constant, content, coûtant, débutant, dégoûtant, déroutant, détend, dévêtant, distant, distend, éclatant, écoutant, émettant, entend, épatant, étang, étant, étend, exaltant, excitant, habitant, haletant, hésitant, important, inconstant, inquiétant, instant, insultant, intermittent, irritant, latent, mécontent, méritant, militant, montant, omnipotent, palpitant, patent, pénitent, percutant, persistant, pivotant, portant, pourtant, pressentant, prétend, promettant, protestant, rebutant, récitant, réconfortant, représentant, résistant, restant, retend, révoltant, sanglotant, sautant, sentant, sextant, sortant, suintant, tant, tentant, tremblotant.

Le ventre

Ventre de satin, emperlé
Par le frisson qui t'a frôlé,
Ventre frais, je t'aime et te baise.

Charles Cros

Pendant longtemps le sexe masculin ou féminin fut dénommé ventre ou bas-ventre. Si aujourd'hui cet euphémisme n'est plus de mise, le ventre reste au centre de nos pensées, non seulement parce qu'il rappelle inévitablement le lieu dans lequel chacun de nous a séjourné avant de voir le jour, mais aussi parce qu'hommes et femmes se préoccupent très attentivement de la « platitude » de leur ventre. Le ventre se transforme au rythme de l'amour, il ondule, plisse, se rétracte, gonfle, se creuse... Sa proximité des sources du plaisir et sa mission (pour les femmes) de perpétuation de la vie en font un lieu sacré du corps humain :

Sur ce temple adorable, et nu plus que la nudité,
où la houle du ventre répond aux nœuds du corps,
je sacrifie aux dieux terrestres de l'amour (...)

Hubert Juin

Aussi quel n'est pas votre plaisir de poser votre tête sur le ventre de l'être aimé pour oublier vos soucis et vos tourments, pour essayer d'y retrouver les sons rassurants du ventre maternel ?

Ta source a ses bruits sans défense,
mais j'écoute,
j'écoute
(Écho, voyeur sonore,
rends-moi la monnaie de l'impatience !)
(...)
Ton ventre est ce ballon d'enfance
et tes baisers ralentissent l'été.

Jean Breton

Cette surface plane, qui est avec le dos la plus étendue du corps, appelle des métaphores susceptibles d'accentuer, après les reliefs de la poitrine et avant la « vallée interdite » du sexe, ce « plat pays » qui est le vôtre et le sien.

... un ventre qui de tous côtés
Plus doux, plus poli que la glace,
Sert de tapis par sa surface.

Extrait d'un poème anonyme du XVIIe siècle

Messieurs, vous vous devez de rendre hommage à vos compagnes qui s'infligent des « souffrances inhumaines » pour que leur ventre vous séduise. D'autant, avouez-le, que pour cette partie de votre corps votre laisser-aller est scandaleux ! Comme si vos bien-aimées n'appréciaient pas, elles non plus, un beau ventre plat. Quand elles veulent évoquer votre ventre dans un poème, elles ne peuvent que faire allusion à ce coussin douillet où elles aiment s'endormir, à moins qu'elles n'en soient réduites, comme Yvonne Caroutch, à chanter la douceur du ventre... de la nuit !

Tu donnes ta bouche au sommeil noir
et ton amour s'endort aussi
ventre duveteux de la nuit douce et tiède

S'il ne vient pas de votre tête, c'est de votre ventre que naît le désir. N'avez-vous jamais ressenti cette crispation qui, parfois, vous noue douloureusement ? Ce feu dévastateur qui vous prend aux entrailles ?

Les désirs qui brûlent jusqu'à vous tordre
Le ventre en deux, dans un spasme impuissant.
Patrice de la Tour du Pin

Osez écrire ce plaisir partagé, lorsque vous conjuguez vos ventres amoureux, *mets ton ventre contre mon ventre,* (Berthelot) lors de vos nuits extatiques, lorsqu'ils se mêlent, s'épousent, s'épuisent dans la pénombre :

Elle plaque à ma peau la peau d'un ventre ferme
Et furieusement crispée elle m'enferme
Dans l'effort ingénu de sa lubricité.
Sire de Chambley

Mais n'oubliez qu'au ventre siège un œil qui vous regarde et qui vous fascine : le nombril, centre de prédilection de la sensualité. Théophile Gautier lui a consacré un court poème qui résume pratiquement toute l'inspiration poétique qui en émane :

Nombril, je t'aime, astre du ventre,
Œil blanc dans le marbre sculpté,
Et que l'Amour a mis au centre

Du sanctuaire où seul il entre
Comme un cachet de volupté !

Les femmes ne manquent pas d'artifices pour mettre ce « troisième œil » en valeur et ainsi mieux séduire les hommes, véritablement hypnotisés : pierres précieuses, graines, perles, tatouages...

Le nombril incrustait sa fleur de nénuphar
Aux lobes de son ventre : un gâteau de chair blanche.

Théodore Hannon

Et si vraiment vous considérez son nombril comme le centre du monde, allez encore plus loin, faites-en, comme le poète Fagus, un lieu divin :

Ravie, oui, autant, en ce ventre
Vibrant et blanc, tambour tendu,
Lac où tremble un lotus au centre :
Attente du dieu inconnu !

Ventre

Rime riche : éventre

Rimes suffisantes : antre, centre, chantre, concentre, décentre, diantre, entre.

Nombril

Rimes riches : fébrile, fibrille

Rimes suffisantes :

avril, baril, béryl, gril, péril, puéril, stérile, viril.

Rimes pauvres : tous autres mots terminés par -il, -ile, -yl, -yle (et parfois par -ille). En voici quelques-uns :

agile, ainsi soit-il, argile, crocodile, difficile, docile, domicile, érectile, exil, facile, fil, file, fossile, fragile, gracile, habile, indélébile, indocile, inutile, jubile, malhabile, nubile, obnubile, pistil, profil, servile, style, subtil, tactile, textile, ustensile, utile, vibratile, vile, ville, volatil, volatile.

Le visage

Quand la nuit verse sa tristesse au firmament,
Et que, pâle au balcon, de ton calme visage
Le signe essentiel hors du temps se dégage,
Ce qui t'adore en moi s'émeut profondément.

Albert Samain

Qu'est-ce qui vous séduit dans le visage de l'être aimé ? Bien sûr ses yeux, sa bouche, son front... mais outre ces éléments physiques, il y a quelque chose d'indéfinissable rendant unique son visage, quelque chose de fascinant qui prend peut-être en compte les sentiments sans qu'ils suffisent à l'expliquer vraiment. Ne s'agirait-il pas de ce signe essentiel hors du temps évoqué par Albert Samain ?

Partez du principe que vous pouvez tout lire sur un visage : non seulement les sentiments qui animent celui ou celle qui se cache derrière (ainsi que les vôtres, d'ailleurs, par ses réactions), mais aussi l'univers qui abrite votre amour. Le poète belge Géo Norge commence son magnifique poème intitulé « Beau visage », en évoquant sa vision de ce monde :

Beau visage incliné sur le miroir des jours, avec toi
je regarde un monde frémissant fait d'étoiles et
d'hommes et de berges confuses.
Et c'est dans ton visage — ô mon jardin fermé —
que ce monde éveilla sa clarté la plus douce.

Paul Eluard voit le visage comme le témoignage de la vie, mais y perçoit aussi tout ce qui permet de la réaliser et tout ce qui la justifie :

La fine trame de la vie
Couvre doucement ton visage
Et tu tiens dans cette corbeille
Nos moyens nos raisons de vivre.

Bien que souvent source de clarté et lieu privilégié où naissent fréquemment des astres rayonnants (*le soleil nu de ton visage,* Paul Eluard), le visage n'est jamais autant chanté par les poètes que pendant le sommeil. Il est vrai qu'en poésie plus que dans la réalité (et bien que la poésie soit une réalité), la frontière entre le sommeil et la mort reste mal définie. En regardant dormir celui ou celle que vous aimez, n'avez-vous jamais éprouvé une étrange émotion, située entre la tendresse et l'inquiétude ?

Je n'aime pas dormir quand ta figure habite,
La nuit, contre mon cou ;
Car je pense à la mort laquelle vient si vite
Nous endormir beaucoup.

Jean Cocteau

Le visage

Pendant la nuit, règne des ombres, le visage devient énigmatique, et se pare de charmes particuliers :

J'adore ton visage et je préfère l'ombre
Mystérieuse où je ne puis que l'entrevoir...
Je préfère à ton clair regard ton regard sombre,
Belle, tu m'apparais plus belle vers le soir.

Renée Vivien

Le sommeil vous offre aussi l'univers des songes. A partir d'un visage endormi, dont vous scrutez les différentes et successives expressions, laissez gambader votre imagination, tentez d'en percer les mystères, interrogez-le sur l'objet de ses rêves ; vous y devinerez votre avenir : *Ma vie future, c'est ton visage quand tu dors.* René Char

Après l'acte d'amour, lorsque vous vous regardez dans un miroir, vous constatez que votre visage est transfiguré. André Sodenkamp évoque ici le sien avec une étonnante décence :

Je n'aimais qu'un visage entre tous mes visages :
Celui qui me venait pendant le long amour.
Ce fabuleux visage aux yeux clos de la femme
Quand le plaisir amer appelle à son secours.

L'expression du visage modifie votre perception des parties qui le composent : lorsque le visage de votre partenaire est empreint d'une certaine gravité et qu'il s'approche alors du vôtre pour l'embrasser, ses lèvres révéleront peut-être de surprenantes réactions :

Et vos lèvres soudain furent prises de givre
Quand son visage lent s'est approché de vous.

Jules Supervielle

Lorsque parfois, vous doutez de mots prononcés, scrutez le visage, il vous dira plus sûrement la sincérité de son cœur :

Ô que d'appas en ce visage
Plein de jeunesse et de beauté
Qui semble trahir son langage

Tristan L'Hermite

De toute façon ce que vous ne supportez à aucun prix, c'est l'indifférence, qui vous tue littéralement :

Tu sais bien que tu meurs
De la pâleur de ce visage indifférent.

André Pieyre de Mandiargues

A l'image de toutes les autres parties du corps, le visage ne résiste pas aux feux de l'amour et il traduit, par ses changements de couleur, la force des émotions ressenties. A la vue de l'être aimé il s'enflamme, par timidité il s'empourpre, angoissé il blêmit, troublé il rosit, flatté il rougit, de peur il verdit ou même bleuit... D'ailleurs, on dit communément qu'un sentiment ou une émotion se « peint » sur le visage. N'abusez pas des couleurs, vous risquez de tomber dans la « commedia dell'arte » ; vous n'aimez pas un clown, et vous n'êtes pas au carnaval ! A moins que dans un excès de patriotisme, imitant Apollinaire, vous ne désiriez retrouver dans son visage les trois couleurs symboliques :

Les yeux bleus les dents blanches et les lèvres très
rouges
Elle avait un visage aux couleurs de France.

Reconnaissez avec nous, sans risque d'être contredit, que ces deux vers ne sont pas à classer parmi les meilleurs du compagnon de Marie Laurencin.

Aussi, monsieur, une autre possibilité s'offre-t-elle à vous : évoquer son maquillage. Que ne se dissimule-t-il pas derrière ce masque d'apparence ? Votre bien-aimée l'utilise autant pour vous séduire que pour corriger ses éventuels défauts (dont vous vous garderez bien de parler), autant pour mettre en valeur ses atouts que pour « changer de tête » selon les circonstances (sorties, travail...). Complimentez son savoir-faire dans cet art délicat, mettez en valeur sa parfaite connaissance de son visage, et n'oubliez pas de faire allusion à cet étonnant sens de l'harmonie qui lui fait assortir ses vêtements au maquillage ou l'inverse.

Les innombrables nuances de fond de teint, de rimmels, de crayon pour les yeux, vous offrent autant d'évocations possibles. Si à chacun de ses maquillages vous avez l'impression d'être avec une nouvelle femme, dites-le-lui, sans omettre de mentionner, d'une façon ou d'une autre, que sous ces visages protéiformes c'est la même femme que vous retrouvez : celle que vous aimez, elle. Vous tiendrez compte ainsi de ce point capital : quel que soit son goût pour le maquillage, une femme aime s'entendre dire qu'elle est encore plus belle sans ces artifices.

Madame, monsieur, voici un jeu poétique qui vous assurera de « bons résultats » : composez un poème en vous imaginant visagiste, et décrivez son visage naturel comme s'il était maquillé. En bref, maquillez le visage de votre amour avec des mots.

Ayez enfin toujours à l'esprit la phrase de Colette : *Le visage humain fut toujours mon paysage,* ainsi que ces deux vers d'Anna de Noailles :

Si je n'aimais que toi en toi
Je guérirais de ton visage

Rimes

Rimes riches :

balisage, dévisage, envisage, paysage.

Rimes suffisantes :

arrosage, bronzage, dosage, pesage, usage.

Rimes pauvres :

voici quelques mots qui, bien que rimant pauvrement, peuvent vous être utiles :

adage, alliage, batifolage, cirage, courage, décourage, dommage, encourage, entourage, enrage, hommage, image, mage, ménage, mirage, nuage, ombrage, orage, pèlerinage, personnage, plage, rage, soulage, surmenage, voyage.

La voix

Ta voix lente, un peu précieuse, se traînait
sur mon âme, comme un baiser qui fait mourir.

Francis Jammes

Vous l'avez peut-être déjà lu dans un de ses poèmes, dans une de ses lettres, mais la première fois qu'il ou elle vous dit « Je t'aime », sa voix devient la plus belle du monde, même si le ton, sous l'emprise de l'émotion, est nasillard, chevrotant, voilé. Vous avez trop espéré et guetté ces mots pour ne pas être pendu(e) ou suspendu(e) à ses lèvres, pour ne pas boire ses paroles. Il (ou elle) a prononcé la formule magique d'une voix claire, douce, enfantine, harmonieuse, vibrante, mélodieuse, pleine, riche, appuyée, grave, sourde, sépulcrale, ou d'une voix de stentor... S'est-il proclamé parce que vous l'aviez imploré, ou l'a-t-elle murmuré parce que vous l'aviez suppliée ? Ressentait-il simplement l'impérieux besoin de le hurler, de le crier, de le proclamer, ou bien ne pouvait-elle que le murmurer, le susurrer de sa voix douce comme le miel ou chaude comme le soleil ?

Que ton air inquiet me tourmente et me touche !
Ces deux mots sont si doux ! Mon cœur les dit si bien !
Tu ne les entends pas ? Prends-les donc sur ma bouche !
Je fermerai les yeux, prends, mais ne m'en dis rien !
Marceline Desbordes-Valmore

En poésie, la voix se confond fréquemment avec le chant, et, dans un de ses « Calligrammes », Apollinaire présente, ou plutôt énumère, *de quoi est fait le chant symphonique de l'amour :* après *le chant de l'amour de jadis,* il entend

Le bruit des baisers éperdus des amants illustres
Les cris d'amour des mortelles violées par les dieux

et il poursuit avec

Le hurlement précieux de Jason
Le chant mortel du cygne
Et l'hymne victorieux que les premiers rayons du soleil ont fait chanter à Memnon l'immobile
Il y a le cri des Sabines au moment de l'enlèvement
Il y a aussi le cri d'amour des félins dans les jungles
La rumeur sourde des sèves montant dans les plantes tropicales
Le tonnerre des artilleries qui accomplissent le terrible amour des peuples
Les vagues de la mer où naît la vie et la beauté.

Dans un des beaux poèmes de « Capitale de la douleur », Paul Eluard écrit :

Ta bouche aux lèvres d'or n'est pas en moi pour rire
Et tes mots d'auréole ont un sens si parfait
Que dans mes nuits d'années, de jeunesse et de mort
J'entends vibrer ta voix dans tous les bruits du monde.

Cet exemple vous montre bien que la voix de l'être aimé autorise toutes les métaphores et toutes les comparaisons car elle possède tous les pouvoirs et toutes les qualités : elle roule comme le tonnerre, coule comme l'eau, tonne comme l'orage, elle est cajoleuse, enjôleuse, voluptueuse. Trop lointaine, elle erre et vous la perdez ; fatiguée, vous la posez et elle s'éteint. Même si par moments elle est étranglée (par les sanglots), cassée ou brisée (par l'émotion), coupée ou entrecoupée (par les soupirs) au point qu'il ne vous en reste qu'un filet, elle arrive toujours à rebondir, à reprendre de l'assurance, à s'épanouir, puis de nouveau à s'élever, haute et pointue, pour transmettre, refléter, traduire vos sentiments. Jean Rousselot qualifie de « flagrante » (c'est le titre du poème) l'élue de son cœur, tellement flagrante

Que je donne à ta voix l'alibi d'un saut d'ablette
Ou d'une bouffée de chèvrefeuille.

Voie, l'homonyme de voix, est à l'origine de nombreuses expressions communes. Vous pouvez tirer des effets surprenants en remplaçant dans ces expressions l'un par l'autre :

— vous suivez, quittez, le tracé d'une voix.

— il existe des voix étroites, des voix sacrées, des voix prioritaires, des voix à sens unique…

— votre vie est devenue une route à deux voix et il vous est déconseillé de descendre à contre-voix.

— les voix d'eau sont navigables quand le débit des discours fleuves le permet.

— on trouve aussi des voix aériennes, des voix privées, des voix de terre, la voix lactée, et (si elle est cassée, pourquoi pas ?) une voix de garage.

— continuez dans cette voix, vous êtes sur la bonne et elle est libre.

C'est aussi avec la voix que vous prononcez, jour et nuit, le nom de votre amour.

Je répétais ton nom à l'oreille du monde,
Aux jardins, aux cailloux transparents des ruisseaux,
A l'écume fanée et mourante, à l'oiseau
Si proche de ta voix que vos chants se confondent.

Albert Ayguesparse

Si par le passé, des siècles durant, l'oiseau et ses attributs ont souvent servi aux poètes pour symboliser l'amour et ses manifestations — les amoureux roucoulent toujours comme deux pigeons —, il semble bien qu'aujourd'hui l'image ait vieilli et ne constitue plus un argument poétique. Par « voix » de conséquence, il vaut mieux vous abstenir, monsieur, de comparer la voix de celle que vous aimez avec le chant de votre oiseau préféré. Ayez toujours à l'esprit que, mis à part des larmes, la voix ne contient jamais rien, elle est seulement « empreinte » : empreinte d'amertume ou de froideur, empreinte de sérénité ou de calme, empreinte d'émotion contenue ou de nostalgie secrète, empreinte aussi de tendresse, surtout quand elle est caressante.

(...) Sa voix tendre
Avait pris des accents interdits aux mortels,
Plus ravissants, plus purs, comme on croit les entendre
Quand on rêve des cieux aux pieds des saints autels.
Il parlait, et ma vie était près de s'éteindre.

Marceline Desbordes-Valmore

Un dernier conseil : parmi les bruits produits par la voix, les mots revêtent, vous le savez, une importance extrême, au point que leur poids peut annihiler l'effet déplorable d'une épouvantable voix : les mots de l'être que vous chérissez seront, selon les cas, doux, tendres, désarmants, langoureux, câlins, caressants...

Pourtant les mots, ça se devine sur les lèvres,
ça se prend à la volée,
ça tourne en rond comme une chèvre,
chez quel enfant, tu les volas ?

Jean Cayrol

Même si, pour Montherlant, *nos émotions sont dans nos mots comme des oiseaux empaillés,* même si Romain Rolland affirme que *les mots nous trompent comme les filles,* même si Aragon nous met en garde contre la *Poésie ô danger des mots à la dérive,* ne restez pas sans voix, n'ayez pas peur des mots, car, pour paraphraser Henri Calet, ce sont eux qui ont peur de vous puisque *les mots sont nos esclaves,* écrit Robert Desnos, et que de toute façon, André Breton le confirme, *les mots font l'amour.*

Rimes

Rimes suffisantes (éventuellement riches selon la voyelle qui précédera le terme « voix ») :

claire-voie, convoi, convoie, dévoie, entrevoit, entre-voie, envoi, fourvoie, gravois, grivois, louvoie, pavois, porte-voix, pourvoi, pourvoit, prévoit, renvoi, renvoie, revoit, voie, voit, vouvoie.

Les yeux

Chers yeux si beaux qui cherchez un visage,
Vous si lointains, cachés par d'autres âges,
Apparaissant et puis disparaissant,
Ah ! protégés de vos cils seulement
Et d'un léger battement de paupières,

Jules Supervielle

Les yeux furent toujours les portes de l'amour. Ce vers, extrait d'une fable d'Eustache Lenoble — pseudonyme d'un obscur baron-écrivain du XVIIe siècle — peut être la formule idéale qui définit les rapports qu'entretiennent les yeux et le regard avec l'amour. Une précision s'impose immédiatement : l'œil au singulier ne paraît pas avoir eu une grande fortune dans la « poésie amoureuse ». Sans doute parce que le pluriel invite mieux à la rime — Dieux, cieux, soyeux, joyeux, adieux, radieux... —, mais plus sûrement peut-être parce que le regard est essentiellement l'expression « des » yeux.

Depuis Adam et Ève, on ne compte plus le nombre de « décès » masculins dus au regard « foudroyant » d'une femme (même chez Molière le célèbre *vos beaux yeux me font mourir d'amour*), ni celui des amantes qui ont succombé au chagrin de ne plus être l'unique admiration de leur amoureux (*Je cesse d'exister si ton regard me quitte,* Catherine Fauln).

Mais, inversement, c'est dans les yeux de l'être aimé que les résurrections prennent leur source :

Un doux trait de vos yeux, ô ma fière déesse !
Beaux yeux, mon seul confort,
Peut me remettre en vie et m'ôter la tristesse
Qui me tient à la mort.
Tournez ces clairs soleils, et par leur vive flamme
Retardez mon trépas :

Philippe Desportes

Ces propos vous paraissent probablement démodés, mais réfléchissez bien : ne s'agit-il pas plutôt de leur formulation ? Car enfin, ne vous arrive-t-il pas d'être transpercé par son regard ? La jalousie ne vous suggère-t-elle pas des regards meurtriers ? Ne pensez-vous jamais : « des yeux plus beaux que les siens, je meurs ! » ? Ne vous privez donc pas de mourir pour ses yeux, sachez simplement vous supprimer avec les mots d'aujourd'hui et laisser aux anthologies le romantisme désuet.

La séduction commence souvent par un regard dont l'efficacité dépasse celle d'un long discours et n'est plus à prouver, comme en témoignent ces vers de Charles d'Orléans :

Comment se peut un pauvre cœur défendre
Quand deux beaux yeux le viennent assaillir ?

Les yeux

Le cœur est seul, désarmé, nu et tendre,
Et les yeux sont bien armés de plaisir.

La fascination constitue l'un des pouvoirs les plus étonnants du regard : amoureux, vous pouvez rester « yeux dans yeux » (expression populaire du français parlé en Afrique noire) avec une telle intensité qu'il vous arrive même d'en oublier de respirer. Vous ne pouvez plus détacher vos yeux des siens, vous êtes dans un état proche de l'hypnose, et votre volonté de vous libérer se voit annihilée par une force quasi « démoniaque ». Ce phénomène d'envoûtement, que nous avons tous vécu, vous permet un grand choix de comparaisons et de métaphores : pensez à toutes les puissances occultes, à tout ce qui peut captiver, immobiliser, charmer, ensorceler...

Ne les détournez point, ces yeux qui m'empoisonnent,
Ces yeux tendres, ces yeux perçants, mais amoureux,
Qui semblent partager le trouble qu'ils me donnent.
Hélas ! plus ils sont dangereux,
Plus je me plais à m'attacher sur eux.

Pierre Corneille

Il vous sera plus difficile d'innover avec l'étincelle, la lueur, la lumière ou le feu (que l'amour allume dans les yeux), mais vous disposez de trois possibilités :

— vous percevez ces manifestations dans ses yeux :

Ses yeux sont des tours de lumière
Sous le front de sa nudité.

Paul Eluard

— votre présence les déclenche :

Ô mon très cher amour, toi mon œuvre et que j'aime,
A jamais j'allumai le feu de ton regard.

Guillaume Apollinaire

— c'est dans vos yeux que se produit le phénomène :

Clair soleil de mes yeux, si je n'ai ta lumière,
Une aveugle nuée ennuite ma paupière,
Une pluie de pleurs découle de mes yeux.

Philippe Desportes

De toute évidence cette étincelle dans le regard, qui ne brille que pour vous, a chassé l'obscurité dans laquelle votre vie jusqu'alors était plongée.

C'est peut-être la seule au monde
Dont le cœur au mien répondrait,
Qui venant dans ma nuit profonde
D'un seul regard l'éclaircirait

Gérard de Nerval

Mais gare au « coup de foudre » qui ne dure que le temps d'un éclair... après l'illumination, vous risquez de retourner dans les ténèbres et d'errer d'ombre en ombre à la recherche de temps meilleurs. Méfiez-vous de deux expressions très à la mode actuellement : flasher (« elle m'a fait flasher ») et allumer (« quand il pense à elle, il a l'air complètement allumé ») ; appartenant au langage parlé, elles supportent mal l'écrit.

Un éclair... puis la nuit ! — Fugitive beauté
Dont le regard m'a fait soudainement renaître,
Ne te verrai-je plus que dans l'éternité ?

Charles Baudelaire

Voici une liste de mots qui vous permettront peut-être de... « briller » : étincelle, feu, flamme, lueur, lumière, reflet, éclat, éclair, clarté.

Quand on aime, le temps n'existe pas, c'est bien connu. Mais, dans les moments de « haute solitude », il vous arrive de subir les assauts d'une nostalgie dévorante : les souvenirs vous tourmentent littéralement et vous vous demandez bien, comme Claire Goll, pourquoi vous n'avez pas gravé dans votre mémoire ces instants « éternels » : *Pourquoi n'ai-je pas mis de côté/ Tes regards d'ambre et d'or ?*

Mais un regard n'a pas toujours de limites ; voulant souligner l'immensité de l'amour qui l'anime et conscients de la difficulté d'une telle entreprise, les poètes se sont résolus à le comparer au ciel, comme ici Albert Ayguesparse :

Le ciel de ton regard est le plus doux des ciels.

Le fait d'être regardée agit sur Anne Hébert comme un cataclysme : *Tes yeux, tes yeux sur moi, le ciel se déchire de haut en bas, l'effroi dessine un tableau vide.* Quant à Pierrette Micheloud, elle lie habilement ciel et eau :

Sous l'arche de leurs paupières
Où coule sans les distraire
Un ciel de roseaux.

Le poète mystique indien Rabindranâth Tagore réussit, en quatre vers, à évoquer merveilleusement la solitude de l'homme, le pouvoir créateur de l'amour et sa dimension cosmique :

Mon cœur, cet oiseau du désert,
a trouvé son ciel dans tes yeux.
Ils sont le berceau du matin,
ils sont le royaume des étoiles.

Si les dimensions incommensurables du regard équivalent donc, pour les poètes, à celles de la voûte céleste, elles rappellent aussi les insondables profondeurs de l'être. *Mais plus que le monde ou moi-même,* écrit Éric de Haulleville, *c'est toi que je découvre au fond de tes yeux.*

Cet espace du regard, vous pouvez le traduire en employant tout ce qui exprime une vastitude, à commencer bien sûr par la mer ou l'océan, qui vous offre en prime les notions de reflets et de limpidité :

Ton regard a parfois d'étranges profondeurs
Vertigineux abîme où stagne une eau magique.
Mais l'immense océan est moins mystérieux,
Portant sa cargaison de rêves et d'étoiles,
Que cette onde immobile et triste où tu dévoiles
Tout l'infini d'un cœur peuplé de sombres dieux.

Marcel Ormoy

Qui dit mer dit bien sûr voyage, et il arrive à Paul Eluard de se retrouver hors des sentiers battus :

Tes yeux dans lesquels je voyage
Ont donné aux gestes des routes
Un sens détaché de la terre.

Les yeux

A Jules Supervielle qui se perd dans de curieuses interrogations :

Grands yeux dans ce visage,
Qui vous a placés là ?
De quel vaisseau sans mâts
Êtes-vous l'équipage ?

Eluard répond :

Tes yeux sont revenus d'un pays arbitraire
Où nul n'a jamais su ce que c'est qu'un regard
Ni connu la beauté des yeux, beauté des pierres,

Si l'image des yeux qui se ferment ou que l'on ferme suggère l'idée de la mort, n'oubliez pas qu'elle représente aussi le premier acte du sommeil (*Tes yeux dans lesquels nous dormons,* Paul Eluard), et comme Baudelaire vous aimez peut-être demeurer dans la nuit pour ne pas interrompre un moment de grand bonheur, *Reste. N'allume pas la lampe. Que nos yeux / S'emplissent pour longtemps de ténèbres (...).*

Vous devez particulièrement veiller au choix de vos mots pour éviter que ce sommeil ne soit le dernier et que le repos ne devienne à jamais éternel. Marguerite Burnat-Provins, en restant d'une simplicité désarmante, parvient en une phrase à exprimer un monde de tendresse : (...) *le geste lent de tes doigts aimés sur mes paupières lasses quand tu me dis : Dors, maintenant.* Janine Couvreur préfère tout inverser et donner des yeux au sommeil lui-même :

Un vent d'aube a mouillé tes lèvres
Et te voici couché
Dans les yeux du sommeil.

La couleur des yeux offre un bon support à votre inspiration ; voici, pour les nuances les plus répandues, quelques « directions » possibles :

Bleu : mer, océan, ciel, ardoise, azur, jade, faïence, horizon, lavande, pervenche, saphir, turquoise, aigue marine.

Gris : nacre, argent, acier, souris.

Marron : noisette, brun, havane, châtain, tabac, chocolat, mordoré.

Noir : ébène, encre, jais, nuit, réglisse.

Vert : absinthe, émeraude, Nil, olive, pistache, végétal, malachite, amande, tilleul.

Pour ce qui est de la forme, il vous sera bien difficile d'éviter les « clichés » du style « en amande », « de chat » ou « de biche » ; toutefois l'originalité demeure toujours possible et par une métaphore vous parviendrez, comme Eluard, à la suggérer sans la décrire :

La courbe de tes yeux fait le tour de mon cœur,
Un rond de danse et de douceur,
Auréole du temps, berceau nocturne et sûr,

Mais quelque beauté qu'aient leur forme et leur couleur, vous êtes peut-être comme Malherbe, ces attraits ne vous suffisent pas si l'amour en est absent :

Vos yeux ont des appas que j'aime et que je prise,
Et qui peuvent beaucoup dessus ma liberté ;
Mais pour me retenir, s'ils font cas de ma prise,
Il leur faut de l'Amour autant que de beauté.

Le regard peut se boire, et Blaise Cendrars découvre dans cet acte l'origine de son inspiration : *Mais au fond de ses yeux, quand elle vous y laisse boire, / Tremble un doux lys d'argent, la fleur du poète.* Dans les yeux de l'être aimé vous lisez, comme dans les lignes de la main ou dans un livre ouvert, et vous y découvrez le rythme de l'amour :

Dans ses beaux yeux, tour à tour
Paraît, même avec décence,
La langueur qui suit l'amour
Ou l'ardeur qui le devance.

Pierre Auguste Bernard dit Gentil-Bernard

A moins que, comme Francis Carco, vous n'y perceviez de troublantes qualités :

Sous tes paupières alourdies,
Tes yeux chavirés sont si beaux
Qu'ils passent tout en perfidies.

La paupière, les cils et les sourcils font aussi partie des yeux mais leur difficulté d'emploi a découragé la plupart des poètes. Bien que Janine Couvreur parle dans son poème intitulé « Réalité » des *cils de lumière,* qu'Anne Hébert dans « Un bruit de soie » s'aperçoive que *sous les cils une lueur de braise chante à tue-tête* et que Paul Valéry déplore : *Immortelle, ta paupière / me refuse mes trésors,* il n'y a que le « Blason du sourcil » de Maurice Scève qui consacre à l'une de ces parties de l'œil la totalité d'un poème dont la saveur invite à vous le présenter dans son intégralité (adapté en français moderne) :

Sourcil bien tourné en voûte fléchissant
Bien plus qu'ébène, ou jais noircissant
Rejeté haut pour ombrager les yeux
Quand ils font signe, ou de mort ou de mieux.

Sourcil qui rend peureux les plus hardis,
Et courageux les plus accouardis (couards) ;
Sourcil qui fait l'air clair, obscur soudain,
Quand il fronce par ire ou par dédain,
Et puis le rend serein, clair et joyeux,
Quand il est doux, plaisant et gracieux.
Sourcil qui chasse et provoque les nues,
Selon que sont ses arcades tenues,
Sourcil assis en haut lieu pour enseigne,
Par qui le cœur son vouloir nous enseigne,
Nous découvrant sa profonde pensée,
Qu'elle soit de guerre ou de paix offensée.
Sourcil non pas sourcil, mais sous ciel,
Qui est le dixième et superficiel,
Où l'on peut voir deux étoiles ardentes,
Lesquelles sont de son arc dépendantes,
Étincelant plus souvent et plus clair
Qu'en été chaud un bien soudain éclair.
Sourcil qui fait mon espoir prospérer,
Et tout à coup me fait désespérer.
Sourcil sur qui l'amour prit le portrait
Et le patron de son arc, qui attirait
Hommes et Dieux à son obéissance,
Par triste mort ou douce jouissance.
O sourcil brun, sous tes noires ténèbres
J'ensevelis en douleurs trop funèbres
Ma liberté et ma triste vie,
Qui doucement par toi me fut ravie.

Reste une possibilité non négligeable : le maquillage. Accentuant une expression ou un sentiment, il vous autorise certaines comparaisons, à condition de demeurer dans une certaine mesure. Stéphane Mallarmé lui confère un pouvoir lourd de conséquences (notez au passage, la belle rime riche paupière et pierre) :

> *Je goûterai le fard pleuré par tes paupières*
> *Pour voir s'il sait donner au cœur que tu frappas*
> *L'insensibilité de l'azur et des pierres.*

Rimes

Rimes riches :

Aucune rime riche dans la plupart des cas, « yeux » étant normalement précédé des articles « des » ou « les » ; au cas ou « yeux » serait précédé de « d' » tous les mots terminés par « dieu » ou « dieux » fourniront des rimes riches : dieux, dispendieux, odieux...

Rimes suffisantes :

ambitieux, anxieux, astucieux, banlieue, camaïeux, capricieux, cieux, consciencieux, contagieux, curieux, délicieux, élogieux, facétieux, fallacieux, furieux, gracieux, harmonieux, impérieux, ingénieux, insidieux, joyeux, judicieux, licencieux, lieu, luxurieux, malicieux, messieurs, mieux, milieu, minutieux, monsieur, mystérieux, officieux, pieu, pieux, pluvieux, précieux, prestigieux, prétentieux, prodigieux, religieux, sérieux, silencieux, soucieux, soyeux, spacieux, spécieux, superstitieux, vicieux, victorieux, vieux.

Cet ouvrage a été réalisé sur
Système Cameron
par la SOCIÉTÉ NOUVELLE FIRMIN-DIDOT
Mesnil-sur-l'Estrée
pour le compte des Éditions Balland
le 17 août 1988

Imprimé en France
Dépôt légal : août 1988
N° d'impression : 10170
ISBN 2-7158-0692-2
F 2-7025